D1666570

Stefan Orth / Peter Reifenberg (Hg.)

Hermeneutik der Anerkennung

VERLAG KARL ALBER

Stefan Orth / Peter Reifenberg (Hg.)

Hermeneutik der Anerkennung

Philosophische und theologische Anknüpfungen an Paul Ricœur

Verlag Karl Alber Freiburg / München

Stefan Orth / Peter Reifenberg (Eds.)

Hermeneutics of Recognition

Following the philosophical and theological ideas of Paul Ricœur

Paul Ricœur's last monograph »The Course of Recognition« (2004, German edition 2006; English edition 2007) brings together many of the French Philosopher's paths of thought. Following on from the question of human self-knowledge as a prerequisite for any relationship, Ricœur also discusses the difficulties of mutual recognition in this work, focusing on how the process of recognition begins and evolves. The volume introduces the important work of Ricoeur, picks up on the debates triggered by this and discusses what suggestions are made for reflection on religion.

The Editors:

Dr Stefan Orth, b. 1968, completed his doctorate on the theological relevance of the work of Paul Ricœur. Editor since 1998, he became Deputy Editor-in-chief of Herder Korrespondenz in Freiburg in 2014.

Professor Peter Reifenberg, b. 1956, is Director of the conference center Erbacher Hof and the Academy of the Diocese in Mainz.

Stefan Orth / Peter Reifenberg (Hg.)

Hermeneutik der Anerkennung

Philosophische und theologische Anknüpfungen an Paul Ricœur

Viele Denkwege des französischen Philosophen Paul Ricœur bündeln sich in seiner letzten Monographie »Wege der Anerkennung: Erkennen, Wiedererkennen, Anerkanntsein« (2004, dt. 2006). Im Anschluss an die Frage nach menschlicher Selbsterkenntnis als Voraussetzung jeder Beziehung diskutiert Ricœur in diesem Werk auch die Schwierigkeiten wechselseitiger Anerkennung und beschäftigt sich damit, wie das Anerkennungsgeschehen in Gang kommt und sich lebendig entfaltet. Der Band stellt das wichtige Werk Ricoeurs vor, greift die ausgelösten Debatten auf und diskutiert, welche Anregungen es für das Nachdenken über Religion gibt.

Die Herausgeber:

Dr. Stefan Orth, geb. 1968, hat über die theologische Relevanz des Werkes von Paul Ricœur promoviert. Er ist seit 1998 Redakteur und seit 2014 stellvertretender Chefredakteur der Herder Korrespondenz in Freiburg.

Prof. Dr. Peter Reifenberg, geb. 1956, ist Direktor des Tagungszentrums Erbacher Hof und der Akademie des Bistums Mainz.

Originalausgabe

© VERLAG KARL ALBER
in der Verlag Herder GmbH, Freiburg / München 2018
Alle Rechte vorbehalten
www.verlag-alber.de

Satz: SatzWeise GmbH, Bad Wünnenberg
Herstellung: CPI books GmbH, Leck

Printed in Germany

ISBN 978-3-495-48645-0

Inhalt

8

Vorwort

Paul Ricœur, als Phänomenologe und Hermeneutiker bekannt geworden, hat über mehr als ein halbes Jahrhundert die Auseinandersetzung mit ganz unterschiedlichen philosophischen Strömungen gesucht und auch die mit religiösen Traditionen nicht gescheut. Viele seiner Denkwege bündeln sich in seinem – nach seiner Erinnerungstheorie – letzten erschienenen Werk »Wege der Anerkennung. Erkennen, Wiedererkennen, Anerkanntsein«, das 2004, ein Jahr vor seinem Tod, erschienen ist.[1]

Im Anschluss an die Frage nach menschlicher Selbsterkenntnis als Voraussetzung jeder Beziehung zum anderen Menschen diskutiert Ricœur in diesem Werk auch die Schwierigkeiten wechselseitiger Anerkennung. Im letzten Teil beschäftigt er sich damit, woraus das Anerkennungsgeschehen lebt: wie die angezielte Gegenseitigkeit vor dem Hintergrund der gegenwärtigen philosophischen Diskussionen über die Gabe verstanden werden kann.

Der Band will die Debatten über dieses wichtige Werk Ricœurs aufgreifen, in die damit aufgeworfene Thematik einführen und auch mögliche Inspirationen für die Theologie diskutieren.

Die Beiträge gehen zurück auf eine Tagung zu Ehren Paul Ricœurs, die unter dem Titel »Hermeneutik der Anerkennung. Paul Ricœur (1913–2005) zum 100. Geburtstag« am 22. und 23. Februar 2013 im Erbacher Hof, der Akademie des Bistums Mainz, stattfand.

Wir danken allen Beiträgern für die Überarbeitung ihrer Vorträge – und nicht zuletzt für die gute Zusammenarbeit. Schließlich danken wir auch Sarah Ballhorn für die umsichtige Betreuung des Bandes.

Die Herausgeber, im Juli 2018

Anmerkungen

[1] P. Ricœur, *Wege der Anerkennung. Erkennen, Wiedererkennen, Anerkanntsein*, Frankfurt 2006. Im gesamten Band finden sich Verweise auf diesen Band in Klammern im Text.

Paul Ricœur und seine Philosophie der Anerkennung

Zur Einführung

Stefan Orth

»Der Tod ist wirklich das Ende des Lebens in der Zeit, die dem lebenden Ich und jenen, die mir folgen werden, gemeinsam ist. Das Überleben, das sind die anderen.«[1] Der französische Philosoph Paul Ricœur, von dem diese Zeilen postum in einem kleinen Band »Lebendig bis in den Tod. Fragmente aus dem Nachlass« auch in deutscher Sprache veröffentlicht wurden, ist am 20. Mai 2005 verstorben. 92 Jahre alt ist der französische Philosoph geworden – und er hätte am 27. Februar 2013 seinen 100. Geburtstag gefeiert.

So sehr der Tod eines jeden Menschen letztlich an das Tragische rührt, das für Ricœur im Laufe seines Lebens immer auch das Denken angeregt hat: Mit seinem Tod hat sich ein Lebenskreis geschlossen, der in einem ungewöhnlich hohen Maße philosophisch produktiv gewesen ist. Durchzogen war er von jener Freude, ja – so eine Formulierung von ihm selbst in seinen Meditationen über den Tod – sogar »Fröhlichkeit, die sich mit der erhofften Gnade verbindet, bis zum Tode lebendig zu existieren«.[2]

Auf seinem solchermaßen akzentuierten Denkweg hat er viele Stationen abgeschritten: Paul Ricœur, als Phänomenologe und Hermeneutiker in den fünfziger und sechziger Jahren bereits bekannt geworden, hat über mehr als ein halbes Jahrhundert die Auseinandersetzung mit ganz unterschiedlichen philosophischen Strömungen gesucht. Er war, um nur die wichtigsten Stationen zu nennen: Professor für Philosophiegeschichte an der Universität Straßburg, Philosophieprofessor an der Sorbonne, darauf Gründungsdekan der Philosophischen Fakultät an der Reformuniversität Nanterre im Nordwesten von Paris und dann

Professor an der University of Chicago, neben einer Fülle von Gastprofessuren in aller Welt. Dieses interdisziplinäre Interesse hat ihn in den sechs Jahrzehnten seit dem Zweiten Weltkrieg zu einer der wichtigsten Stimmen in den geisteswissenschaftlichen Debatten werden lassen.

Natürlich längst nicht alle, aber eben doch viele seiner Denkwege bündeln sich nun in seinem – nach seiner Erinnerungstheorie – letzten zu Lebzeiten erschienenen Werk »Parcours de la Reconnaissance«, das 2004, ein Jahr vor seinem Tod, veröffentlicht und kurze Zeit später mit dem Titel »Wege der Anerkennung. Erkennen, Wiedererkennen, Anerkanntsein« auch in deutscher Sprache vorgelegt wurde.[3] Hervorgegangen ist die Monographie aus drei Vorträgen, die er am »Institut für die Wissenschaften vom Menschen« in Wien und am Husserl-Archiv in Freiburg gehalten hat. Wie aber fügt sie sich in das Gesamtwerk von Ricœur ein?

I. Zum philosophischen Stil Paul Ricœurs

1. Zum Verhältnis von Philosophie und Theologie

Eine Vorbemerkung zum Verhältnis von Philosophie und Theologie bei Ricœur: Der Philosoph hat sich in der gesamten zweiten Hälfte des vergangenen Jahrhunderts nicht nur in die philosophischen, sondern auch die anderen jeweils aktuellen geisteswissenschaftlichen Debatten eingemischt. Dazu gehören auch die Beschäftigung mit der Religion und die wechselseitigen Beziehungen mit der Theologie. Dieses Verhältnis war alles andere als spannungsfrei. Ohne weiteres lässt sich in vielen seiner Werke zeigen, wie christliche Grundüberzeugungen, ein entsprechendes Menschenbild einschließlich des Freiheitsbegriffs und vor allem ein unerschütterlicher Optimismus im Untergrund der philosophischen Theoriebildung wirken. Daneben gibt es eine ganze Reihe von Studien zu einer philosophisch verantwortbaren Bibelhermeneutik. Der Philosoph ist dafür in

Frankreich von Kollegen wie Zeitgenossen auch angefeindet worden.

Auf der anderen Seite aber hat sich Ricœur nicht nur wie die reformierte Kirche in Frankreich, der er als praktizierender Christ angehörte, stets zum Laizismus bekannt. In seinen philosophischen Schriften und darüber hinaus hat Ricœur immer wieder darauf bestanden, Philosophie und Theologie, Vernunft und Glauben möglichst klar voneinander zu scheiden. Spätestens seit den Ereignissen von 1968 in Sorge, dass sein Ruf als Philosoph unter seinem Interesse an religiösen Fragestellungen leiden könnte, hat er die Autonomie seiner Philosophie betont.

Aber so wie selbst der französische Protestantismus in den vergangenen Jahrzehnten zunehmend problematisiert hat, dass die Trennung von Staat und Kirche in Frankreich faktisch die positive Religionsfreiheit aushöhlt, weil der Glaube in die Privatsphäre abgedrängt wird, hat sich auch bei Ricœur im Spätwerk wieder ein zunehmendes Unbehagen an einer Leugnung der Dimension des Transzendenten im öffentlichen Diskurs eingestellt. Da es ihn immer gereizt hatte, die Grenzen der Philosophie abzuschreiten, widmete sich Ricœur deshalb seit den achtziger Jahren auch wieder zunehmend dem Grenzgebiet zur Religion. Auch wenn er weiterhin genau auf die Unterscheidung der Zugänge bedacht war, ist er damit zu einer der bedeutendsten Stimmen für die Renaissance zumindest des Themas Religion in Frankreich geworden.

An konfessioneller Verhärtung lag ihm dabei nie. Seit den dreißiger Jahren bewegte er sich im Umfeld der sozialkatholisch ausgerichteten Zeitschrift »Esprit« und lebte mit seiner Familie seit seiner Berufung an die Sorbonne mit anderen führenden Köpfen der Bewegung in einer Hausgemeinschaft in Chatenay-Malabry. Es kann nicht verwundern, dass er deshalb manchen Protestanten als zu katholisch erschien, während er manchen Katholiken als Protestant suspekt blieb.

Am Ende jedoch hat er neben vielen anderen Auszeichnungen und hoch dotierten Preisen auch vonseiten der katholischen Kirche hohe Anerkennung erfahren. Schon 1994 bekannte Papst

Johannes Paul II. im Vorwort zu seinem Interviewbuch »Die Schwelle der Hoffnung überschreiten«[4] seine persönliche Wertschätzung: dass Ricœur als maßgeblicher zeitgenössischer Hermeneutiker auf die Bedeutung der metaphorischen und symbolischen Sprache aufmerksam gemacht habe, die die Wahrheit über die Welt und den Menschen aus einem neuen Blickwinkel zeige. Ricœur selbst war mehrfach Gast bei den sommerlichen Castelgandolfo-Gesprächen dieses Papstes. 2003 wurde ihm der »Internationale Preis Paul VI.« verliehen, eine alle fünf Jahre vergebene Auszeichnung für eine Persönlichkeit der »religiös inspirierten Kultur«. Der damalige Papst dankte Ricœur in seiner Ansprache für seinen »hochherzigen Beitrag zum ökumenischen Dialog zwischen Katholiken und Reformierten« und zog selbst die Verbindung zwischen diesem Denken und seiner eigenen Enzyklika »Fides et ratio« aus dem Jahr 1998 zum Verhältnis von Glauben und Vernunft.

2. Von Aporien aus weiterdenken

Auf der einen Seite ist es also ein wesentliches Merkmal seines gesamten Werks, dass Ricœur kontinuierlich den Dialog mit dem Denken seiner Zeit gesucht hat.[5] Nie hat er Scheu gezeigt, sich auch in Wissenschaftsgebiete einzuarbeiten, die einem Philosophen erst einmal fremd sind. Manches Mal hieß dies sogar, dass Ricœur auch nicht-philosophischen Wissenschaften – wie etwa der Geschichtstheorie, den Sprachwissenschaften oder eben auch der biblischen Exegese – wesentliche methodische und inhaltliche Anregungen geben konnte. Immer war es sein besonderer Ehrgeiz, auch über religiöse Fragen hinaus sich am Vor- und Außerphilosophischen, an der Nicht-Philosophie abzuarbeiten, ohne freilich der Versuchung Georg Wilhelm Friedrich Hegels nachzugeben, absolute Vermittlungen leisten zu wollen – das gilt nicht zuletzt für sein Anerkennungsdenken.

Auf der anderen Seite aber hat sich Ricœur nicht nur mit den Themen der jeweils aktuellen geisteswissenschaftlichen und gesellschaftlichen Diskussionen beschäftigt und an philosophischen Moden orientiert, sondern auch ein eigenes, immer wieder zwischendurch skizziertes philosophisches Vorhaben konsequent weiterverfolgt. Von seinem in den vierziger und fünfziger Jahren begonnenen Projekt einer Philosophie des Willens an ist es seine Strategie geblieben, ausgehend von den Aporien der zuletzt behandelten Thematik eine neue Fragestellung zu entwickeln, mit der die eigenen Thesen fortgeschrieben werden können. In einer gewissen Weise kann man deshalb sagen, dass die Ricœur'sche Philosophie eine systematische Entwicklung von früher Impliziertem ist – freilich in der Auseinandersetzung mit jeweils neuen Theorieansätzen und mit daraus folgenden Akzentverschiebungen.

Von Aporien aus weiterdenken, so kann deshalb auch in einem weiteren Sinne – mit Jean Greisch – die Maxime benannt werden, mit der sich Ricœur bis zu seinen »Wegen der Anerkennung« in die philosophische Auseinandersetzung begeben hat.[6] Der in den Jahrzehnten akademischer Lehre weiterentwickelte didaktische Stil impliziert dabei folgende Vorgehensweise: Zuerst wird die Fragestellung ausgearbeitet, dann werden die entscheidenden Positionen der Philosophiegeschichte, des gegenwärtigen Philosophierens oder des Diskussionsstandes in der jeweiligen Wissenschaft referiert, gewürdigt und die jeweiligen Aporien aufgezeigt, um von dort aus im Denken weiterzukommen.

Nach Ricœurs Überzeugung gehört die Beschreibung von Aporien zu den Leistungen eines Philosophen und darf nicht als Schwäche ausgelegt werden: Eine Aporie ist »niemals Ausdruck des Scheiterns, sondern eines vertieften Eindringens in ein Problem«, heißt es etwa.[7] Mit der Verschränkung der jeweils weiterführenden Aspekte gegenläufiger Ansätze gelang es Ricœur schließlich immer wieder, seine eigene Fragestellung voranzutreiben – nicht ohne festzuhalten, was bisher erreicht ist, aber auch, welche Antworten noch ausstehen und welche »Verlegenheiten« durch den »gedanklichen Fortschritt« hinzugekommen sind.[8]

So erklärt sich denn auch die für den Leser seiner Werke

gelegentlich verwirrende Vielfalt der Positionen, mit der sich Ricœur auseinandersetzt. Und mit dem Versuch, die für sich jeweils aporetischen Positionen miteinander zu vermitteln, hängt der hier und da erhobene Vorwurf des Eklektizismus eng zusammen. Dass Ricœur diesen Vorwurf an ungezählten Stellen in seinen Schriften direkt aufgegriffen hat und zu entkräften versuchte, beweist immerhin, wie ernst er ihn genommen hat.

Unentwegt hat Ricœur aber auch – Stichwort Hegel'sche Vermittlungsversuche – auf die Grenzen einer jeden Systematisierung hingewiesen.[9] Es ist hier vor allem an das Vorwort seines ersten großen Sammelbandes mit frühen Aufsätzen, »Geschichte und Wahrheit«, zu erinnern, in dem sich der Hinweis findet, dass es in der Philosophie immer darum gehen müsse, »einen bestimmten Punkt innerhalb einer unaufgelösten Spannung auszubalancieren«, die bei allem »Willen zur Versöhnung« ein »heftiges Misstrauen gegen verfrühte Lösungen« hegt und deshalb als »Dialektik mit aufgeschobener Synthese« aufgefasst wird.[10] Dass die Philosophiegeschichte nie zur Geschichtsphilosophie werden darf, heißt in diesem Zusammenhang, jedes philosophische Werk vor dem Aufgehen in eine Synthese höherer Ordnung zu schützen. Ricœur protestierte immer wieder gegen jede Philosophie, die ein geschlossenes System errichten wollte, und macht sogar ausdrücklich einen »eschatologischen Vorbehalt« aus philosophischen Gründen geltend: »Die Setzung einer Grenze zerschlägt den Anspruch der Geschichtsphilosophien, den zusammenhängenden Sinn von allem Geschehenen und von allem künftigen Geschehen nennen zu können. Ich stehe immer diesseits des jüngsten Tages; indem ich die Grenze des jüngsten Tages setze, steige ich selbst vom Stuhl des letzten Richters herab. Somit ist nirgends das letzte Wort schon gesagt«.[11]

Dieses Bekenntnis zur Endlichkeit des Verstehens ist von seinen frühen Schriften an wesentlich. Wiederholt hat Ricœur auch das Bedenken der Grenzen des Verstehens mit dem Begriff des – mit ironischem Unterton, wie er zuweilen sagt[12] – »nachhegelianische[n] Kantianismus« auf den Punkt gebracht.[13] Der

Wille, Hegel zu folgen, drückt dabei aus, dass sich Ricœur nicht nur an den philosophischen Begriffen, sondern auch an konkreten Vorstellungen und an Selbst, Welt und Wirklichkeit als geschichtlichen Phänomenen abarbeiten will.[14] Während er dem rein formalen Diskurs oft genug vorgeworfen hat, das wirkliche Leben nicht zu erreichen, sollen auf der anderen Seite dann aber auch im Sinne Immanuel Kants die Grenzen der Reflexion diskutiert und respektiert werden, um gerade nicht der Versuchung zu erliegen, die die Konzeption Hegels in dieser Lesart bedeutet. Auf diese Weise, so schon Ricœur in seiner Dissertation »Le volontaire et l'involontaire«, sollen Klarheit und Tiefe im philosophischen Diskurs verbunden werden.[15]

Manchmal umständlich im Gedankengang, emsig im Referieren anderer Argumente, deren Stärken er auslotete, und unermüdlich im Versuch, inhaltlich scheinbar unvereinbare Positionen miteinander zu vermitteln, aber immer bemüht um Klarheit im Aufbau, in der Begrifflichkeit und der Sprache: Ricœur ging es darum, dass die Spannungen nicht aufgelöst, sondern für das Verstehen der komplexen Wirklichkeit fruchtbar gemacht werden.

Und genau dies gilt nun auch für die philosophische Reflexion auf den Begriff der Anerkennung, wie er im Werk Ricœurs früh schon gelegentlich eine Rolle gespielt hat und jetzt in seiner Philosophie der Anerkennung entfaltet wird.

II. Paul Ricœurs Philosophie der Anerkennung

Mit Ricœurs letztem philosophischen Werk »Wege der Anerkennung« hat sich dabei am Ende noch einmal eindrucksvoll bestätigt, dass Ricœur gerade als Hermeneutiker keinesfalls zu jenen vor allem französischen Philosophen gezählt werden darf, denen es um eine Verabschiedung des Subjekts geht.

Allerdings gab es auch bei Ricœur durchaus so etwas wie eine »Wiederentdeckung des Subjekts« unter dem Begriff des »Selbst« – nach der Auseinandersetzung mit Psychoanalyse und philosophischer Hermeneutik in den sechziger und siebziger Jahren, als Texte, Metaphern und Erzählungen im Mittelpunkt standen. Sie wurde getrieben von der nicht zuletzt auch theologisch produktiven Frage nach der »Handlungsfähigkeit des Menschen« in der Folge der immer schon virulenten Erfahrung von Leid und persönlicher wie auch fremder, am eigenen Leib schmerzlich erlittener Schuld.

Auch in den »Wegen der Anerkennung« geht es nun maßgeblich um solche Fragen der Identität, gerade angesichts der Erfahrungen des und der Anderen: »Verlange ich nicht in meiner ureigensten Identität danach, (an)erkannt zu werden?«, heißt es an einer frühen Stelle (17). Und was könnte dieses Bedürfnis angesichts der alltäglichen Schwierigkeiten wechselseitiger Anerkennung stillen? Das sind die zentralen Fragen, die auf den gut 300 Seiten im Hintergrund stehen und angesichts derer sukzessiv Antwortversuche gegeben werden, die jeweils tiefer ansetzen wollen.

Die Begrifflichkeit reichert sich dabei im Verlauf der drei Abhandlungen immer mehr an. Ausdrücklich hat Ricœur dem Buch nicht den Titel »Theorie«, sondern »Weg« gegeben, »um das Fortbestehen« eines »anfänglichen Staunens« zu betonen (ebd.). Dieses Staunen erwächst aus einem vorgeschalteten Kapitel mit einer semantischen Betrachtung des Begriffs »Anerkennung« mit seinen vielfachen und vielschichtigen Bedeutungen, die dann auch die drei Abhandlungen als Hauptgliederungsmerkmal strukturieren – wobei gleich zu betonen ist, dass das landläufige Verständnis von Anerkennung, wie es seit Hegel gebräuchlich ist, also die wechselseitige Anerkennung von Subjekten, erst in der dritten Abhandlung zur Geltung kommen wird. Das liegt nicht zuletzt daran, dass der französische Begriff »reconnaissance« ein deutlich breiteres Sinnspektrum als der deutsche Begriff »Anerkennung« aufweist. Ricœur setzt sich am Anfang immerhin mit rund zwei Dutzend Bedeutungen auseinander, die er den wichtigen französischen Wörterbüchern entnimmt und versucht, in eine – wie er sagt – »geregelte Polysemie« zu bringen.

Drei »Mutter-Ideen« macht Ricœur für das Wort »reconnaissance« aus, die im Folgenden entfaltet werden sollen: »I. (Einen Gegenstand) durch den Geist, das Denken erfassen, indem man diesen Gegenstand betreffende Bilder und Wahrnehmungen miteinander verbinden; mittels des Gedächtnisses, des Urteils oder des Handelns unterscheiden, identifizieren, erkennen [connaître]. II. Annehmen, für wahr halten. III. Durch Dankbarkeit bezeugen, dass man jemandem gegenüber (für etwas, eine Handlung) in der Schuld ist« (31).

Damit ist aber dann auch der Gedankengang der »Wege der Anerkennung« beschrieben, den Ricœur wie folgt bestimmt: Ausgehend von der »Einstufung des Erkennens als Identifizieren« in der ersten Abhandlung gebe es eine Dynamik zum »Erkennen spezifischer, durch Selbstheit gekennzeichneter Wesenheiten durch diese selbst« (also ein reflexives Verhältnis) in der zweiten Abhandlung; schließlich führe der Weg von »der *reconnaissance de soi*, dem Sich-Erkennen, zur *reconnaissance mutuelle*, der wechselseitigen Anerkennung, bis hin zur letzten Gleichung von *reconnaissance* und Dankbarkeit« (16) in der dritten Abhandlung.

Während die Verwendung von Anerkennen in der ersten Abhandlung aktivisch erfolgt, schlägt sie in der zweiten Abhandlung, mit der das Selbst ins Spiel kommt, ins Passivische beziehungsweise Reflexive um, bevor in der dritten Abhandlung die Wechselseitigkeit in den Mittelpunkt der Aufmerksamkeit rückt. Auch hier also wieder eine Philosophie nicht nur der Wege, sondern auch der gezielt eingeschlagenen Umwege, die den Phänomenologen Ricœur immer ausgezeichnet haben.

1. Die erste und die zweite Abhandlung

In der ersten Abhandlung steht – noch vor der ausdrücklichen Verwendung des Begriffs »Anerkennen« – das »Erkennen« im Sinne von »Identifizieren« beziehungsweise »Unterscheiden« im Mittelpunkt. Zu den Hauptgesprächspartnern Ricœurs gehören hier René Descartes und Kant. Wir bewegen uns in erster Linie auf der Ebene theoretischer Vernunft: »Für Descartes wie für Kant bedeutet *reconnaître* – ob das Wort ausgesprochen wird oder nicht –, durch das Denken eine Sinneinheit zu identifizieren, zu erfassen« (60). Thema der ersten Abhandlung ist damit »das Identifizieren von etwas im Allgemeinen«, wobei das Verhältnis zwischen Selbem und Anderem ein »Ausschließungsverhältnis« ist: »Im ersten Fall heißt identifizieren unterscheiden: das eine ist nicht das andere; etwas taucht auf, verschwindet, taucht wieder auf; nach einem Zögern wegen des veränderten Aussehens oder der inzwischen verstrichenen Zeit erkennt man es wieder, on le *reconnaît:* es ist doch dasselbe, nicht etwas anderes« (193).

Ricœur, der bekanntermaßen in der spezifisch französischen Tradition der Reflexionsphilosophie groß geworden ist und sich auch später zu dieser maßgeblich cartesianisch geprägten philosophischen Strömung als seiner ersten philosophischen Inspiration immer wieder bekannt hat, schlägt sich hier nun abermals mehr auf die Seite von Descartes als jene von Kant: Jenseits der »numerischen Einheit des transzendentalen Bewusstseins nach Kant« brauche es »Raum für ein Subjekt, das für den Irrtum und infolgedessen für das ›als wahr nehmen‹ verantwortlich ist« (57). Nur ein solches Subjekt könne seinerseits danach verlangen, anerkannt zu werden. Dieser Unterschied bestehe auf dieser Ebene des Erkennens bereits zwischen dem rationalen Erfassen Kants und dem Für-wahr-Halten von Descartes, das dem Subjektbegriff – gerade angesichts der Beziehung zum Anderen – erst seine Tiefe gebe.

In der zweiten Abhandlung kommt dann das Thema menschlicher Identität direkt in den Blick: Auch dort »beruht die *reconnaissance* noch auf Identifizierungsverfahren, nur ist an die Stelle von ›etwas im Allgemeinen‹ das ›sich selbst‹ getreten« (194). Aus dem Identifizieren von Sachverhalten wird das »Bezeugen« des Selbst als dem Wurzelgrund für die einzelnen Fähigkeiten des Menschen, die Ricœur zuvor schon, angefangen von »Das Selbst als ein Anderer«[16], einem seiner Hauptwerke, entwickelt hatte, und die sich im Begriff der »Handlungsfähigkeit« bündeln lassen. Das Selbst zeichnet sich wesentlich dadurch aus, dass es sprechen, handeln, sich Handlungen zuschreiben, erzählen und anderen etwas versprechen kann.

Im Zentrum steht dabei in der zweiten Abhandlung die Frage nach menschlicher Selbsterkenntnis gerade angesichts der Zeitspanne des eigenen Lebens, die das Problem vielfacher Veränderungen mit sich bringt. Inwieweit lässt sich, so Ricœur jetzt im Gespräch vor allem mit Henri Bergson, im Wiedererkennen der Erinnerungsbilder die Kontinuität des Selbst behaupten. Abermals spielt Descartes für Ricœur eine zentrale Rolle: »[Unter anderem der] Cartesischen Philosophie des *Cogito* […] verdanken wir […] den entscheidenden Anstoß in Richtung auf eine […] Hermeneutik des Selbst. Das Auftauchen des Cartesischen *Cogito* stellt das entscheidende Denkereignis dar, seit dem wir anders denken und das Thema Selbstreflexion eine nie dagewesene Statur erlangt hat« (121). Genau dieses Moment des Sich-Erkennens sei in der Philosophie der praktischen Vernunft Kants unterbelichtet. Woher kommen beispielsweise überhaupt die Maximen, die im kategorischen Imperativ universalisiert werden, lautet Ricœurs Frage.

In den ersten beiden Abhandlungen geht es also vor allem darum, als Bedingung für jedes intersubjektive Anerkennungsgeschehen, als Bedingung jeder wie auch immer gearteten Beziehung zu dem Anderen und den Anderen, sowohl über das Weltverhältnis als auch das Selbstverhältnis des Menschen nachzudenken.

Entscheidend sei mit Jean Nabert, dem für Ricœur wichtigsten französischen Reflexionsphilosophen, der Umweg über die »gegenständliche Seite« der Erfahrungen, dass ich also gewissermaßen nur in der Auslegung konkreter menschlicher Handlungen und Ziele etwas über eigene wie fremde Identität sagen kann (124 f.). Ausdrücklich knüpft Ricœur damit an die maßgeblichen Überzeugungen seines Frühwerks an, in dem das Thema »Anerkennung« bereits eine gewisse Rolle spielt, auch wenn es nicht im Mittelpunkt des Interesses steht und noch nicht die Breite des Begriffs in den »Wegen der Anerkennung« erreicht hat, sich aber immerhin stärker am hierzulande klassischen Verständnis von Anerkennung als eines zwischenmenschlichen Geschehens orientiert.

2. Ein Rückblick

Bereits in der 1950 veröffentlichten Dissertation Ricœurs, »Le volontaire et l'involontaire«, über den freien Willen des Menschen und seine Grenzen, ist bereits die in »Wege der Anerkennung« aufgegriffene These zu lesen, dass jeder menschliche Entschluss, etwas zu tun, eben nicht nur ein Akt der Freiheit schlechthin sei, sondern darüber hinaus ein selbstreflexiver Akt der Anerkennung des eigenen Selbst.[17] Auch im Frühwerk wird also Anerkennung bereits nicht einfach nur als zwischenmenschliches Phänomen diskutiert.

Das Anerkennungsthema wird in der Folgezeit präsenter, weil Ricœur innerhalb seiner Anthropologie der Intersubjektivität in stärkerem Maße Rechnung trägt. Bereits lange vor der intensiven Beschäftigung mit dem Werk von Emmanuel Levinas war dafür in diesem Kontext Jean Nabert ein Ideengeber – mit markanten Akzenten. Das vermeintlich auf derselben Ebene zwischen zwei Individuen sich vollziehende Anerkennungsgeschehen, so bereits Nabert, sei immer auf die Initiative Einzelner angewiesen. Von dieser These leitet schon Nabert ab, dass Akte »reiner Großzügigkeit«[18] (wie ein Versprechen, die Vergebung, aber auch jedes Opfer) eine wichtige Rolle spielen. Sie seien jenseits reiner Wechselseitigkeit und damit auch jenseits der kantischen Moralität anzusiedeln – was in Ricœurs Frühwerk und schließlich dann auch in den »Wegen der Anerkennung« mit der Diskussion über die aktuelle Philosophie der Gabe auf ein Echo stoßen wird. Angesichts dieser Debatte ist im Übrigen auch die von Ricœur als »christologisch« bezeichnete Passage von Interesse, in der Nabert einen nicht zu überbietenden Akt der Großzügigkeit definiert: In einem solchen Fall würde sich der »Atem des Absoluten« im freien Akt eines Bewusstseins manifestieren und aus eigener Initiative in freier und vollkommener Anerkennung aller Anderen die Möglichkeit des Austausches untereinander wiederherstellen und alle Trennungen auflösen.[19] Ricœur hätte dies nie so direkt formuliert, als Hintergrund für manche Überlegungen im dritten Teil der »Wege der Anerkennung« aber scheint diese Überlegung durchaus von Interesse zu sein.

Die wohl wichtigsten frühen Überlegungen zur Anerkennung in diesem engeren Sinne finden sich freilich dann in »Die Fehlbarkeit des Menschen«, dem ersten Teilband der in den fünfziger Jahren erschienenen »Phänomenologie der Schuld«.[20] Eine entscheidende Rolle spielt der Begriff dort vor allem in der Sphäre des Geltens, die als der zentrale Ort für die menschliche Fehlbarkeit ausgemacht wird. Erst in dieser Sphäre sei das menschliche Verlangen nach Anerkennung zu begreifen, das weder durch »zwischenmenschliche Beziehungen im Feld des Habens« noch durch »Beziehungen im Feld der Macht« – beides ebenfalls Einfallstore menschlicher Fehlbarkeit – befriedigt werde.[21] Im Unterschied zu den »Beziehungen wechselseitigen Ausschlusses« in der Welt des Habens oder der Asymmetrie der Beziehungen in der Welt der Macht vollzieht sich der »Aufbau des Selbst«, die Entwicklung des Selbstbewusstseins in der Sphäre des Geltens, als ein Beziehungsgeschehen unter potentiell Gleichen: »Ich will das Ich nicht nur auf das Meinige stützen, ich will nicht nur herrschen, um zu existieren, ich will anerkannt sein«.[22]

Bewusst nimmt Ricœur hier Hegel'sche Gedanken aus der Perspektive Naberts auf: »Es liegt im Streben nach Ansehen ein Verlangen, [sic!] zu sein, nicht vermöge vitaler Selbstbehauptung, sondern in Gnaden der Anerkennung durch andere«. Mein Selbst »empfange« ich »von der Meinung anderer«, bis dahin, dass ich mich in der Anerkennung der Menschheitsidee »als ein Du für andere« schätzen lerne. Dieser Gedanke ermöglicht es Ricœur bereits hier, die Selbstliebe nicht-egoistisch denken zu können und nicht im Sinne des Selbsterhaltungsprinzips auffassen zu müssen: »[I]ch liebe mich als einen anderen«. Die Selbstschätzung ist vor diesem Hintergrund »eine indirekte Beziehung, mittelbar von mir zu mir, umgeleitet über den wertschätzenden Blick des anderen«: »Ich glaube, dass ich in den Augen eines anderen [...] etwas gelte; im Grenzfall ist dieser andere ich selbst«.

Jedoch: Weil die Selbstschätzung »von der Meinung, vom Glauben« lebt, die Geltung einer Person »weder gesehen noch gewusst, nur geglaubt werden« kann, ist der Zweifel an der eigenen Geltung und somit das Streben nach Anerkennung die entscheidende Schwäche des Menschen. Die Selbstschätzung und ihre pathologische Verkehrung gehen Hand in Hand: »[N]ichts ist zerbrechlicher, nichts leichter zu verletzen als eine Existenz, die der Glaubhaftigkeit ausgeliefert ist«. Damit hängt schon in »Die Fehlbarkeit des Menschen« nicht zuletzt auch zusammen, dass jede Anerkennung nur symbolisch ausgedrückt werden kann und deshalb besonders fragil ist[23] – was dann auch in der dritten Abhandlung der »Wege der Anerkennung« zu einer zentralen Einsicht wird.

Noch in der auf die Phänomenologie der Schuld folgenden Auseinandersetzung mit dem Ansatz von Sigmund Freud in den sechziger Jahren lassen sich diese Weichenstellungen dann im Kontext psychoanalytischer Praxis weiterverfolgen: Ein Argument, das Ricœur für die von ihm postulierte dialektische Beziehung zwischen Freud und Hegel vorbringt, ist der Hinweis auf die Bedeutung des Analytikers für den Analysanden: Eine Psychoanalyse kann nur »durch die Gnade eines Anderen, der ein Mitmensch ist« erfolgreich verlaufen[24] – wie das Selbstbewusstsein in Hegels »Phänomenologie des Geistes« nur vermittels eines anderen Selbstbewusstseins zu dem werden kann, was es sein soll.

Diese Parallelisierung der Thesen Hegels und Freuds kann bis zu Gemeinsamkeiten bei der Beschreibung dieses Anerkennungsgeschehens ausgezogen werden. Sich seiner selbst in der Therapie bewusst zu werden, geschieht nach Freud nicht nur »über das Bewusstsein des Anderen«, der im Fall der Psychoanalyse der Analytiker ist; es kann sogar von »eine[r] Phase des Kampfes, der durchaus an den Kampf um die Anerkennung erinnert«, gesprochen werden, so Ricœur.[25] Das Ziel dieses Kampfes ist das Zugeständnis des Anderen, »dass ich ein autonomes Selbstbewusstsein« geworden bin. »Eines der Zeichen dafür, dass die Analyse beendet ist, ist gerade die Eroberung der Gleichheit der beiden Bewusstseine, wenn nämlich die Wahrheit des Analytikers zur Wahrheit des kranken Bewusstseins geworden ist. Dann ist der Kranke nicht mehr entfremdet, nicht mehr ein Anderer: er ist ein Selbst, ist er selbst geworden«.

Ricœur setzt schließlich auch in einem Aufsatz »Liberté: responsabilité et décision« aus dem Jahr 1968 auf den Begriff der Anerkennung, dessen intersubjektive Perspektive die für sich rein »beliebig« bleibende Entscheidungsfreiheit sinnvollerweise aufwerte, weil es dieser ansonsten »an der Dimension der Rationalität und der Universalität« mangele.[26] Ausdrücklich fordert Ricœur, dass die Freiheitsphilosophie den Weg der »politischen Reflexion« gehen müsse und ihren »Kulminationspunkt« erst erreicht, wenn sie sich als Anerkennung in konkreten Gemeinschaften verwirklicht – ohne dass, so auch hier ausdrücklich gegen Hegel, der Staat als der schlechthinnige Ort realisierter Freiheit missverstanden werden dürfe.

Seine literarisch produktivste Phase schließlich hatte Ricœur in seinem letzten Lebensdrittel. Das Thema »Anerkennung« spielt in »Das Selbst als ein Anderer«, dem Hauptwerk der späten achtziger Jahre, zwar keine zentrale Rolle, der Sache nach werden hier aber mit dem Schlüsselbegriff des »fähigen Menschen« wesentliche Voraussetzungen für Ricœurs spätere Philosophie der Anerkennung gelegt. Entscheidend ist schließlich die neuerliche Auseinandersetzung mit dem Phänomen der Wechselseitigkeit auf der Ebene der Freundschaft und der Erweiterung auf unpersönliche Beziehungen. Konkreter gesprochen: die Beschäftigung mit der Intersubjektivität, die ausgeweitet wird auf die Frage nach einer Theorie gerechter Institutionen. Während die Gleichheit unter Freunden eine Voraussetzung von deren Beziehung zueinander ist, kann sie auf

einer gesellschaftlichen Ebene nur ein anzustrebendes Ziel sein.
Hegels Begriff der Anerkennung trägt Ricœur zufolge hier der –
nie ganz aufzulösenden – asymmetrischen Ausgangsposition
auf dieser Ebene am besten Rechnung.[27]
In den »Wegen der Anerkennung« wird dieser Neuansatz von
»Das Selbst als ein Anderer« insofern noch einmal aufgegriffen,
als Ricœur selbst stärker als zuvor darauf aufmerksam macht,
wie viel er an diesem Punkt Aristoteles verdankt. Die Phänomenologie des fähigen Menschen, wie sie in der zweiten Abhandlung entwickelt wird, ist immerhin ausdrücklich die Antwort
auf die Frage, wie man »im Rahmen der Reflexionsphilosophie,
die von Descartes und Locke eingeleitet, in ihrer praktischen
Dimension durch Kants *Kritik der praktischen Vernunft* entfaltet und von Fichte auf den Gipfel ihrer transzendentalen Macht
gebracht wurde, die aristotelische Analyse des *Handelns* mit
ihrem Begriff des vernünftigen Strebens weiterführen« könne
(122). Die ontologisch-kosmologische Ausrichtung der Philosophie der Griechen, so Ricœur, habe eine solche an menschlichen
Handlungen orientierte Betrachtung letztlich verhindert, obwohl es vom Begriff der *phronesis* aus bereits durchaus möglich
gewesen wäre, auch intensiver auf Handlungen und auf den
Handelnden zu reflektieren.

Auch Ricœurs Erinnerungstheorie »Gedächtnis, Geschichte,
Vergessen« aus dem Jahr 2000 als ein weiteres markantes Spätwerk[28] kommt weitgehend ohne den Begriff der »Anerkennung«
aus, gleichwohl sind auch hier die zentralen Gedanken für das
Verständnis der »Wege der Anerkennung« von großer Bedeutung, gehören doch das Erinnern wie das Versprechen zu jenen
Modi des sich seiner Handlungsfähigkeit bewussten Selbst, mit
denen Anerkennung trotz der Veränderungen durch die Zeit
möglich ist – auch wenn genau dies die Problemzonen narrativer
Identität sind: Das Erinnern kann scheitern, ich kann meine Geschichte auch anders erzählen, um mich von zurechnungsfähiger
Schuld zu entlasten, und ich vermag Versprechen zu brechen.

Abermals spielt Nabert in diesem Zusammenhang eine gewisse Rolle. Denn die Schwierigkeiten des Vergebens als ein

Modus des Erinnerns korrespondieren Ricœurs Überzeugung nach genau mit der Radikalität der Schuld, deren Abgründigkeit an denjenigen Taten am besten erkannt werden kann, die »gegen die Menschlichkeit« genannt werden und deshalb als Formen besonders krasser Verweigerung von Anerkennung – auch juristisch gesehen – nicht verjähren. Relativ ausführlich wiederholt Ricœur in »Gedächtnis, Geschichte, Vergessen« seine im Frühwerk vertretenen Thesen zur Schuld, die sich durch das, was Nabert das Nicht-zu-Rechtfertigende nennt, herausgefordert weiß. Die Erinnerung an exzessive Formen der Niederträchtigkeit, Ungerechtigkeit und Brutalität, die als pure Normverstöße verharmlost würden, geben Ricœur hier weiterhin zu denken, wie er sich selbst zitiert.

Welche Kraft »ermöglicht es angesichts solcher Vorfälle, ein Wort des Verzeihens zu fordern, auszusprechen, ihm zu entsprechen«[29]? Für Ricœur ist es – so in seiner Erinnerungstheorie dezidiert – die in der jüdisch-christlichen Botschaft verkündete und in ihren mehr oder weniger poetischen Texten verbreitete Überzeugung, dass der Mensch mehr wert sei als seine Handlungen.[30] Dieser befreiende Zuspruch ist es, der die Handlungsmächtigkeit nach der Erfahrung von Schuld und Leid wieder aufzurichten und auf ein zukünftiges Handeln auszurichten vermag. Erst dann ist angesichts der bei menschlichen Interaktionen zwangsläufig auftretenden Gerechtigkeitslücke die Bitte um Verzeihung wie das Verzeihen selbst zumindest prinzipiell möglich.

Ausdrücklich bezieht sich Ricœur in seiner Erinnerungstheorie auf jene kulturellen Vorstellungen, deren mythische Bilder – etwa mit Blick auf das Böse, den Tod, aber auch die Liebe – das Denken »genährt« hätten.[31] Genannt wird etwa die biblische Weisheitsliteratur, die »in einem Atemzug die Liebe und die Freude feiert«[32] und dadurch Kraft zur Vergebung schenkt. Zur Verdeutlichung seiner Thesen über die Ressourcen des Verzeihens bezieht er sich etwa auf das Hohelied der Liebe im Neuen Testament, in dem Paulus die Liebe hymnisch preist und ihr »alles« zutraut (1 Kor 13,1–13). Bewusst stellt Ricœur hier der Radikalität des Bösen etwas mindestens Ebenbürtiges gegenüber.

Mehrfach spielt Ricœur auch auf die im Evangelium geforderte Feindesliebe an. Gerade weil jedoch der erste Schritt scheinbar grundlos ist, bestätigt sich die Vorstellung einer Vertikalität im Verzeihen.[33] Ricœur erinnert in diesem Zusammenhang an Jacques Derridas These von einem Unbedingten im Verzeihen, das es mit dem Unverzeihlichen aufnimmt, und vertritt die These, dass es im abrahamitischen Erbe des Judentums, des Christentums und des Islam um den Glauben an ein Verzeihen ohne Ausnahme, ohne Einschränkung, ohne Bedingung gehe.[34]

Abermals greift Ricœur bereits in diesem Zusammenhang auf seinen früh schon geprägten Begriff einer »Ordnung der Gabe« *(économie du don)* zurück, der sich die Kraft zum Um-Verzeihung-Bitten wie zum Verzeihung-Gewähren verdankt. Auch die Tatsache, dass er sich an den Grenzen der Philosophie bewege, könne ihn nicht davon abhalten, »die unzerstört gebliebenen Ressourcen der Erneuerung« zu erforschen.[35] Sind solche Phänomene nicht tatsächlich nur in einem Diskurs der Gabe thematisierbar, wie er dann in der dritten Abhandlung in den »Wegen der Anerkennung« eine größere Rolle spielen wird?

3. Die dritte Abhandlung

Am Ende des Gedankengangs in »Gedächtnis, Geschichte, Vergessen« stand – wie schon innerhalb der Phänomenologie der Schuld – die Behauptung, dass bei aller »Radikalität« des Bösen mit den entsprechenden Konsequenzen die Bestimmung zum Guten im Kantischen Sinne ursprünglicher sei. Genau diese Bestimmung zum Guten ermöglicht es, dass zu den in »Das Selbst als ein Anderer« profilierten Fähigkeiten des Menschen, sprechen, handeln, erzählen und moralische Bewertungen vornehmen zu können, nicht nur die Fähigkeit zur Erinnerung als eine Art Existenzial des Menschen tritt, sondern eben auch die Fähigkeit zu verzeihen – ohne dabei das Leid und die Schuld zu verdrängen.

Im Anschluss an die Frage nach menschlicher Selbsterkenntnis als Voraussetzung jeder Beziehung zum anderen Menschen diskutiert Ricœur in der dritten Abhandlung in den »Wegen der Anerkennung« jetzt die Schwierigkeiten eines wechselseitigen Anerkennungsgeschehens und beschäftigt sich in diesem letzten Teil auch damit, woraus das Anerkennungsgeschehen lebt: wie die angezielte Gegenseitigkeit vor dem Hintergrund der gegenwärtigen philosophischen Diskussionen über die Gabe verstanden werden kann.[36]

Erst jetzt, in dieser dritten Abhandlung, wird die »Anerkennung«, wie sie seit Hegel in der Philosophie Thema war, ausdrücklich aufgegriffen und kommt die gegenseitige beziehungsweise besser: wechselseitige Anerkennung von Subjekten stärker in den Blick: »Die Bitte um Anerkennung [...] drückt eine Erwartung aus, die nur als wechselseitige Anerkennung befriedigt werden kann, ob diese nun ein unerreichbarer Traum bleibt oder Verfahren und Institutionen fordert, die die Anerkennung auf die politische Ebene heben« (39), so Ricœur jetzt. Die Hegel'sche Anerkennung lasse »sich als Antwort auf die große Herausforderung begreifen [...], die [Thomas] Hobbes' politische Theorie dem abendländischen Denken entgegengeschleudert hat«, nachdem dieser vom Kampf aller gegen alle ausgegangen ist (195). Wer »Krieg« sagt, stelle jedoch implizit auch eine Sehnsucht nach Frieden in den Raum; Ricœur richtet sich deshalb mit Nachdruck gegen die vertretene Notwendigkeit des Kampfes und begibt sich auf die Suche nach »befriedeten Anerkennungserfahrungen«.

Ricœur sieht das mit Blick auf seine eigene Entwicklung durchaus selbstkritisch: »Ich stimme [Axel] Honneths Vorwurf des Monologismus an die Adresse einer Bewusstseinsphilosophie zu, in der es wesentlich und nur das Selbst ist, das bei seiner Differenzierung sich selbst gegenübertritt. Wie Honneth wende ich dagegen ein, dass an der menschlichen Pluralität in den intersubjektiven Transaktionen [...] auf keinerlei Art vorbeizukommen ist.« (234) Ricœur bekräftigt damit in gewisser Weise sein früher einmal geäußertes Bedauern, dass seine Willensphilosophie ganz zu Beginn seiner philosophischen Entwicklung zu

einem Solipsismus neigte, zumindest aber zu einer Ausklamme-
rung des Anderen im Sinne von Emmanuel Levinas.

Als entscheidende Frage für Ricœur bleibt allerdings auch in
den »Wegen der Anerkennung«, ob die Wechselseitigkeit das
letzte Wort haben kann. Mit anderen Worten: In den philosophischen Versuchen, in der gegenseitigen Anerkennung von Individuen einen Ausgangspunkt für die philosophische Reflexion
zu finden, bleibt unterbelichtet, woher die Motivation für ein
solches, vielfach kontrafaktisches Handeln kommt. Kommt ein
Anerkennungsgeschehen nicht oft genug erst in Gang, wenn
einer den ersten Schritt tut? Sind nicht gerade deshalb ein
Selbstverhältnis und die Handlungsfähigkeit des Menschen bei
den Prozessen wechselseitiger Anerkennung von so zentraler
Bedeutung? Woher aber stammt die Motivation zum Durch-
brechen der Teufelskreise?

Besonders interessant angesichts dieser Fragen und in unse-
rem Zusammenhang schließlich mindestens so gewichtig wie
die ersten beiden Abhandlungen, ist das Kapitel V der dritten
Abhandlung, das Ricœur folgendermaßen zusammenfasst: »Die
Alternative zur Idee des Kampfs im Prozess der wechselseitigen
Anerkennung ist in befriedeten Erfahrungen wechselseitiger
Anerkennung zu suchen, die auf symbolischen Vermittlungen
beruhen und sowohl der Rechtssphäre als auch derjenigen des
Warentausches entzogen sind« (274). Ricœur fügt hinzu: »[D]er
außergewöhnliche Charakter solcher Erfahrungen entwertet sie
nicht, sondern hebt im Gegenteil ihre Bedeutung hervor und
stellt eben dadurch ihre Ausstrahlungskraft [...] sicher.« Wobei
auch klar ist, dass solche Friedenserfahrungen schon aufgrund
ihrer symbolischen Struktur nie vollständig sein können – zumindest aber »das Scheitern der Anerkennungsverweigerung«
bedeuten (236).

Die Wechselseitigkeit ist also einerseits von der Idee der symbolischen Anerkennung her zu verstehen, andererseits legt
Ricœur den Akzent auf die Großherzigkeit in der Gabe, die jede
Tauschgerechtigkeit übersteigt. Der Spitzensatz dieser Monographie: Solche Gesten haben »Ausstrahlungen, die im verbor-

genen und auf Umwegen dazu beitragen mögen, dass die Geschichte sich auf Friedenszustände hin entwickelt. Das Festliche, das Ritualen in der Kunst des Liebens, ob Erotik, Freundschaft oder Geselligkeit, innewohnen kann, gehört derselben geistigen Familie an wie die erwähnte Geste der Bitte um Vergebung« (305).

Dass hier – wie schon in der Erinnerungstheorie – die Religion, insbesondere die christliche Religion, auch dem Philosophen Deutungsangebote macht, die Ricœur durchaus als philosophisch artikulierbar ansieht, liegt auf der Hand. Die Pointe des philosophischen Spätwerks besteht vor diesem Hintergrund, dass Ricœur nicht mehr wie in seiner großen »Phänomenologie der Schuld« aus den fünfziger Jahren auf die Frage nach der menschlichen Fehlbarkeit und damit auf sein moralisches Versagen fixiert bleibt, sondern sein Denken im Kontext der philosophischen Diskussionen über den Begriff der »Gabe« einen weiteren Horizont erhält. Erst angesichts des Diskurses der Gabe, der sich jenseits aller Fragen nach dem ethisch Gebotenen bewegt, tritt das Besondere der Anerkennung hervor, dass in der »Anerkennung des eigenen Anerkanntseins« (Knut Wenzel) gipfelt – abzulesen etwa an – wie es in den »Wegen der Anerkennung« heißt, »gemeinschaftsstiftenden Versprechen, deren Paradigma die Verheißung an Abraham ist« (173).[37]

Was dies philosophisch, aber auch theologisch genauerhin bedeutet, das ist das Thema dieses Bandes.

Anmerkungen

[1] P. Ricœur, *Lebendig bis in den Tod. Fragmente aus dem Nachlass*, Hamburg 2011, 59.
[2] Ebd., 7.
[3] P. Ricœur, *Wege der Anerkennung. Erkennen, Wiedererkennen, Anerkanntsein*, Frankfurt 2006.
[4] Johannes Paul II., *Die Schwelle der Hoffnung überschreiten*, Hamburg 1994.

[5] Im folgenden Abschnitt greife ich stark zurück auf: S. Orth, *Das verwundete Cogito und die Offenbarung. Von Paul Ricœur und Jean Nabert zu einem Modell fundamentaler Theologie*, Freiburg 1999, 65–69.

[6] Vgl. dazu den Abschnitt: »Aporetik als Ausdruck philosophischer Produktivität. Ricœurs Aneignungsstrategie der Philosophiegeschichte«, in: J. Greisch, *Metaphysik und Hermeneutik. Eine Problemgeschichte*, München 1993, 203–204, und das Kapitel »Un style aporétique«, in: O. Mongin, *Paul Ricœur*, Paris 1994, 34–40.

[7] J. Greisch, *Metaphysik und Hermeneutik*, 204.

[8] P. Ricœur, *Zeit und Erzählung*, Band 1: Zeit und historische Erzählung [1983], München 1988, 16.

[9] Vgl. P. Ricœur, *La critique et la conviction*, 118. Vgl. auch P. Ricœur, *Kritik und Glaube. Ein Gespräch mit Francois Azouvi und Marc de Launay*, Freiburg 2009.

[10] P. Ricœur, Vorwort, in: *Geschichte und Wahrheit*, München 1974, 34.

[11] Ebd., 35.

[12] Vgl. P. Ricœur, »Biblical Hermeneutics«, in: *Semeia* 4 (1975), 29–148, hier 142.

[13] Ricœur nennt Eric Weil als Urheber dieses Begriffs eines *nachhegelianischen Kantianismus*, den dieser schon auf sich angewandt hat. Vgl. P. Ricœur, »Die Freiheit im Licht der Hoffnung« [1968], in: *Hermeneutik und Strukturalismus. Der Konflikt der Interpretationen 1*, München 1973, 199–226, hier 211. In P. Ricœur, *La critique et la conviction*, 128, hebt Ricœur die Bedeutung Husserls und Naberts für seine nachhegelianische Kantinterpretation hervor.

[14] Vgl. P. Ricœur, »Biblical Hermeneutics«, 36.

[15] Vgl. zu dieser These schon P. Ricœur, *Le volontaire et l'involontaire*, [1950], Paris 1993, 18.

[16] P. Ricœur, *Das Selbst als ein Anderer*, München 1996.

[17] Ebd., 161 f.

[18] P. Naulin, *L'itinéraire de la conscience. Etude de la philosophie de Jean Nabert*, Clermond-Ferrand 1980, 302.

[19] Ebd.

[20] P. Ricœur, *Die Fehlbarkeit des Menschen. Phänomenologie der Schuld I*, 2. Aufl., Freiburg 1989.

[21] Ebd., 158.

[22] Ebd., 158–163.

[23] Vgl. zur symbolischen Dimension der Anerkennung auch: »[S]o spricht sich die über-ökonomische [...] Menschheit in Denkmälern aus, die von diesem Trachten nach Anerkennung zeugen; die ›Werke‹ der Kunst und Literatur und ganz allgemein die Werke des Geistes sind, so sie nicht nur eine Umwelt und eine Epoche abspiegeln, sondern Möglichkeiten des Men-

schen ausforschen, [...] welche durch ihre konkrete Universalität die abstrakte Universalität der Menschheitsidee sichtbar machen«.

[24] Vgl. hierzu schon: »Ein *anderer* muss interpretieren [...], damit ich mich mit mir selbst versöhne«, »damit *ich* wieder Herr *meiner* selbst werde«; »Der Analytiker ist der Geburtshelfer der Freiheit [...]. [D]er wahre Analytiker ist nicht Despot des kranken Bewusstseins, sondern Diener einer wiederherzustellenden Freiheit«. P. Ricœur, *Le volontaire et l'involontaire*, 361, 376.

[25] P. Ricœur, *Die Interpretation. Ein Versuch über Freud* [1965], 4. Aufl., Frankfurt 1993, 483–485.

[26] P. Ricœur, »Le philosophe et le politique devant la question de la liberté«, in: *La liberté et l'ordre social*, Neuchâtel 1969, 41–56, 185–205.

[27] Vgl. P. Ricœur, »Approches de la personne«, in: *Lectures 2: La contrée des philosophes*, Paris 1992, 203–221, hier: 205.

[28] P. Ricœur, *Gedächtnis – Geschichte – Vergessen* [2000], München 2004.

[29] Ebd., 630.

[30] Ebd., 642.

[31] Ebd., 602.

[32] Ebd., 594.

[33] Ebd., 619.

[34] Ebd., 605. Ricœur bekräftigt dabei auch die Vereinbarkeit zwischen der Freiheit des Menschen und der Angewiesenheit auf die Ordnung der Gabe, indem er darauf hinweist, dass die Alternative Gnade oder Freiheit ruinös sei: Viel zu viele Theologen hätten sich zu einer polaren Logik verleiten lassen und die göttliche gegen die menschliche Initiative ausgespielt, indem sie entweder ausschließlich von Gott beziehungsweise ausschließlich von der Gnade her gedacht hätten. Ebd., 603.

[35] Ebd.

[36] Vgl. auch den Beitrag von Veronika Hoffmann in diesem Band.

[37] Mit vollem Recht wird hier auch auf den Wechsel der theologischen Bezugsrahmen im Hintergrund aufmerksam gemacht. Die Vergebung habe jetzt nicht mehr »eine soteriologische oder rechtfertigungstheologische, sondern eine schöpfungstheologische Struktur«. Erlösung und Vollendung seien weniger im Kontext von Sünde und Sühne, sondern »im großen Bogen ein und desselben Heilsgeschehens zu lesen, das seine schöpfungsmäßige Grundsignatur – das Leben in seiner Unverletztheit und Vollgestalt zu wollen – nicht verliert«. Vgl. K. Wenzel, *Glaube in Vermittlung. Theologische Hermeneutik nach Paul Ricœur*, Freiburg 2008, 256. Rechtfertigung müsse in diesem Zusammenhang vor allem als »Wiedergewinnung des ›ursprünglich Guten‹« verstanden werden. In diesem Sinne stehe der biblische Schöpfungsglaube für die »Anerkennung des eigenen Anerkanntseins«.

Anerkennung, Dankbarkeit, Frieden

Zu Paul Ricœurs Denk-Wegen der Anerkennung

Holger Zaborowski

1. Paul Ricœurs Frage nach einer Theorie der Anerkennung

In *Wege der Anerkennung* verfolgt Paul Ricœur eine Fragestellung, die für die Moral- und Sozialphilosophie von großer Bedeutung ist: Welche Formen der Anerkennung *(reconnaissance)* gibt es und worin liegt ihr Einheitsmoment? Ricœur geht dabei von einer überraschenden Erfahrung aus und spricht einleitend von seiner »Verblüffung angesichts des semantischen Status des Wortes *reconnaissance* im philosophischen Diskurs« (15). Denn während im Wörterbuch, so Ricœur, dieses Wort »als eine einzige lexikalische Einheit erscheint – trotz der Vielfalt an Bedeutungen, die es in ein und derselben natürlichen Sprache, dem Französischen, umfaßt,« gebe es keine »Theorie der *reconnaissance* [...], die diesen Namen verdiente« (ebd.).

Ricœur sieht diese »anfängliche Verunsicherung« sich angesichts einer zweiten Erkenntnis noch vergrößern. Denn wenn man sich die philosophische Geschichte der Anerkennung vergegenwärtige, so Ricœur, »sieht es ganz so aus, als hätte die Heterogenität der Denkereignisse, die zum Auftauchen neuer philosophischer Problemstellungen führten, vor allem die Wirkung gehabt, die potentiell philosophischen Bedeutungen zu zerstreuen und das Wort in die Nähe bloßer Homonymie zu rücken« (ebd.). Ricœur formuliert diesen Gedanken sehr vorsichtig. Denn ihm sind seine Konsequenzen bewusst. Wenn das Wort tatsächlich in der Nähe oder im Bereich der Homonymie anzusiedeln wäre, würde dies bedeuten, dass es nicht nur faktisch bislang keine angemessene Theorie der Anerkennung im Sinne einer die verschiedenen Bedeutungen und Verwendungsweisen

dieses Begriffs in ihrem systematischen Zusammenhang er-
schließenden Theorie gibt, sondern dass es eine solche Theorie
kaum oder gar nicht geben kann. Dann läge nämlich der Verwendung dieses Begriffs in verschiedenen Kontexten keine wesentliche gemeinsame Bedeutung zugrunde – oder bestenfalls
vielleicht jene gemeinsame Geschichte, die der Ausdifferenzie-
rung (oder »Zerstreuung«) in Homonyme zuvorlag.

Diese beiden Erkenntnisse reizen Ricœur dazu, den *parcours*
der Anerkennung philosophisch zu beschreiten. Da die Aus-
gangsbasis seiner Überlegungen in guter philosophischer Ma-
nier – wohlgemerkt: nicht nur der sprachanalytischen Tradition
– die Alltagssprache ist, formuliert er nach einem »lexikographischen Rundgang« die ihn leitende Frage folgendermaßen: »Wie
gelangt man von der geregelten Polysemie der Vokabeln der natürlichen Sprache zur Bildung von Philosophemen, die in eine
Theorie der *reconnaissance* aufgenommen zu werden verdienen?« (36) Ricœur lehnt es dabei ausdrücklich ab, als Philosoph
die Arbeit des Lexikographen zu vervollkommnen. Dies erscheint ihm – zu Recht – als eine unphilosophische Vorgehensweise, da sie der nicht ableitbaren Weise, in der sich philosophische Probleme stellen, nicht gerecht werden könne (37). Ricœur
spricht in diesem Zusammenhang in Anlehnung an Franz
Rosenzweigs Rede vom Ereignis der Offenbarung, an Martin
Heideggers Ereignisdenken (und wohl auch an Ernst Fuchs'
Theologie des »Sprachereignisses«) von »Denkereignissen«:
»Das Auftauchen eines Problems« als ein solches Denkereignis,
so Ricœur, »bleibt, wie auch immer, unvorhersehbar« (ebd.). Mit
dieser These verweist er auf die ereignishafte Geschichtlichkeit
der Philosophie und zugleich auf die Diskontinuität der Geschichte der Philosophie. Ein teleologisches Verfahren, das eine
spätere Stufe aus einer früheren genetisch ableitete (oder das
umgekehrt aus dem Späteren das Frühere zu begreifen suchte),
verbietet sich daher. Das, was er die »Generierungsregel« nennt,
»die in ein und derselben Vokabel die scheinbar entferntesten
Bedeutungen zusammenhält«, sei nämlich im Bereich der philosophischen Diskussion nicht gültig (ebd.). Philosophische Be-

griffe entwickeln oder entfalten sich nicht nach einer zumindest a posteriori feststellbaren Regel oder Gesetzmäßigkeit. Von der Ebene der Lexikographie zur Philosophie, von der Frage nach Wortbedeutungen zum philosophischen Fragen sei daher ein Sprung vonnöten. Dadurch wird allerdings die Fragestellung, der sich Ricœur stellt, noch wesentlich schwieriger. Denn jeder Versuch einer Antwort auf diese Frage muss dann der in der Auseinandersetzung mit der Geschichte immer lauernden Verführung, das Geschehen von Geschichte zu glätten und ein kausalanalytisch vorgehendes Narrativ zu seiner Erklärung zu entwickeln, widerstehen, um überhaupt der Möglichkeit, das Ereignishafte der Geschichte zu verstehen, nahe zu kommen. Ricœur widersteht nicht nur dieser Versuchung, sondern auch der bereits im Vorfeld deutlich werdenden Versuchung, aufgrund einer zunächst sich zeigenden »Ratlosigkeit« seine Untersuchung zu früh zu beenden (ebd.).

Nach diesen Vorüberlegungen verweist Ricœur zunächst auf Schwerpunkte der Bedeutung von Anerkennung im philosophischen Diskurs, die seine Untersuchung leiten werden. Die Geschichte der neuzeitlichen Philosophie – auf diese beschränkt sich Ricœur – zeige drei solcher Schwerpunkte. Einen ersten findet er in der theoretischen Philosophie Immanuel Kants. Bei Kant, so Ricœur, werde Anerkennung im Sinne des Identifizierens von etwas als etwas verstanden. Allerdings hält Ricœur, bevor Kants Denken diskutiert wird, einen »kurzen Aufenthalt« bei Descartes für »notwendig« (44), um mit dem Begriff des Urteils – im Sinne des Unterscheidens und Identifizierens – eine wichtige Voraussetzung der Transzendentalphilosophie Kants und damit der entfalteten Philosophie der Anerkennung im Sinne des Identifizierens zu klären. Ein zweiter Bedeutungsschwerpunkt zeigt sich dort, wo Anerkennung im Sinne des Sich-Identifizierens, d. h. im Sinne des Sich-selbst-Erkennens, verstanden wird. Von besonderer Bedeutung für diesen Schwerpunkt ist das Denken Henri Bergsons, das Ricœur zwischen Kant und Hegel, der im Vordergrund der dritten Abhandlung stehen wird, stellt (160). Im Vordergrund der zweiten Abhandlung steht somit, was Ricœur »gern das kleine Wunder des Wiedererkennens« nennt (162). Es geht um das Erkennen als Gedächtnis. Ricœur spricht in diesem Zusammenhang von einem »nachdenkenden Gedenken [...], im Sinne des deutschen Wortes *Gedächtnis* im Unterschied zu *Erinnerung*« (164). In diesem, so Ricœur, fielen das »Wiedererkennen der Bilder der Vergangenheit und das Sich-selbst-Erkennen in eins« (ebd.).

Der dritte Schwerpunkt zeigt sich dort, wo von Anerkennung im Sinne wechselseitiger Anerkennung gesprochen werde. Dies geschieht nach Ricœurs überzeugender Deutung der Geschichte der neuzeitlichen Philosophie in besonderer Weise in Hegels Jenaer Frühwerk, in dem Hegel sich sowohl mit Kants moralischem Individualismus wie auch mit Machiavellis und Hobbes' Philosophien des Kampfes kritisch auseinandersetzt. Denn für Hegel, der hier, wie Ricœur ausführt, der griechischen Antike gegenüber tief verschuldet ist, gibt es nicht nur einen »Primat der Polis vor dem einzelnen Individuum«, sondern zudem das »Ideal einer ›lebendigen Einheit‹ von ›allgemeiner und individueller Freiheit‹« (221). Dies erklärt, warum die Idee eines Kampfes um wechselseitige Anerkennung eine so zentrale und für die politische Philosophie bis in die Gegenwart wichtige Rolle im Werke Hegels eingenommen habe.

Diese drei Schwerpunkte stehen Ricœur zufolge nicht einfach unverbunden nebeneinander. Er entdeckt – bei aller Ablehnung jedes Versuches, in Nachahmung der lexikographischen Arbeit eine kontinuierliche Reihe dieser Denkereignisse zu rekonstruieren und die eine Bedeutung von der anderen abzuleiten – trotzdem so etwas wie eine Beziehung zwischen den drei Arten der Anerkennung, nämlich eine Verschiebung des Bedeutungsschwerpunktes der Anerkennung vom aktiven Sinn der Anerkennung zum passiven Sinn und eine eng damit verbundene Verschiebung von der Identität zur Alterität. Ricœur spricht in diesem Zusammenhang von einer »Bahn [...], die vom aktivischen zum passivischen Gebrauch« des Verbums »anerkennen« im philosophischen Bereich führe (39). Er bezeichnet den Verlauf dieser »Bahn«, indem er stärker die Diskontinuität der

Denkereignisse betont, auch als einen »Umschlag«, den er »bemerkenswert« nennt (39). Dieser Umschlag, der sich zunächst auf der grammatischen Ebene bemerkbar mache, so vermutet Ricœur, trage »die Spur eines ebenso weitreichenden Umschlags auf der philosophischen Ebene« (ebd.).

Es ist aufschlussreich, wie Ricœur diese Bahn oder diesen Umschlag beschreibt: »Erkennen als Akt drückt den Anspruch, einen claim, aus, das Feld der Bedeutungen, der Bedeutungsbehauptungen, intellektuell zu beherrschen. Die Bitte um Anerkennung, am anderen Ende der Bahn, drückt eine Erwartung aus, die nur als wechselseitige Anerkennung befriedigt werden kann, ob diese nun ein unerreichbarer Traum bleibt oder die Verfahren und Institutionen fordert, die die Anerkennung auf die politische Ebene heben.« (39) Ricœur sieht diese Bahn also fortschreiten von einem Erkennen, das durch die »geistige Initiative zur Beherrschung des Sinns« charakterisiert ist (41), zu einem Anerkannt-Werden, wobei der erste Sinn der Anerkennung weiterhin von Bedeutung bleibe. Das bedeutet, dass der erste Sinn nicht nur eine »Priorität« im chronologischen, sondern auch im systematischen Sinne beanspruchen könne: »Tatsächlich wird uns dieser *sensus princeps*, allerdings um den Preis bedeutungsvoller Verwandlungen, bis zum Ende begleiten. Auch bei der reconnaissance de soi, dem Sich-Erkennen wird es noch um Identität gehen. […] Was die dritte Thematik, die wechselseitige Anerkennung, angeht, kann man jetzt schon sagen, daß hier die Frage der Identität eine Art Höhepunkt erreicht: was nach Anerkanntwerden verlangt, ist doch unsere ureigenste Identität, die, die uns zu dem macht, was wir sind.« (41 f.)

Diese Theorie der philosophischen Bedeutungsgeschichte der Anerkennung erscheint überzeugend. Allerdings scheint sie auch einer Ergänzung bedürftig. Denn es fragt sich, ob sich die *Wege der Anerkennung* nicht umgekehrt auch von ihrem Ende her lesen lassen und, wenn tatsächlich dem Phänomen der Anerkennung Gerechtigkeit widerfahren soll, gelesen werden müssen. Denn möglicherweise spielt jenes Moment der Anerken-

nung, das zuletzt entfaltet wird, auch schon implizit bei den zuvor diskutierten Bedeutungen dieses Wortes eine wichtige Rolle
– so wie das von Ricœur zuerst bedachte Moment trotz der genannten »Umschläge« auch noch später von Bedeutung ist.
Wenn dies tatsächlich möglich und vielleicht sogar notwendig
ist, könnte jenes Moment der Anerkennung, das Ricœur zuletzt
ins Gespräch bringt – und eher andeutet als ausführlich erörtert
– eine viel wesentlichere Bedeutung haben, als es zunächst erscheinen mag: nämlich die Anerkennung als Dankbarkeit (und
die Möglichkeit des Friedens als inneres Ziel der Anerkennung).
Dass dies nicht gegen die Intention von Ricœur geschieht, zeigt
die Tatsache, der er selbst vorschlägt, »dieses Buch noch einmal
gegen den Strich zu lesen« (311). Allerdings bezieht er sich
dabei auf die Dialektik von Identität und Alterität (sodass eine
relecture dann Momente der Alterität auch schon früher vor-
finden würde), nicht auf die Dankbarkeit.

2. Die Mitte zwischen Gabe und Gegengabe: Dankbarkeit und die Möglichkeit des Friedens

Von Dankbarkeit spricht Ricœur in *Wege der Anerkennung* nur
wenig. Fast scheint es so, als sei er nur durch eine Eigenart der
französischen Sprache dazu gezwungen, überhaupt von Dankbarkeit zu sprechen. Denn seine lexikographische Untersuchung
zeigt ihm, dass eine der Bedeutungen des französischen *reconnaissance* »Dankbarkeit« ist, so etwa in der Wendung »avoir de
la reconnaissance pour« oder »témoigner de la reconnaissance«.
Ricœur bezeichnet diese Bedeutung als einen »unvermuteten
Gast«, der, wie er schreibt, »übrigens in den meisten Sprachen
außer dem Französischen gar nicht geladen ist« (26).
   Allerdings ist dieser Gast so überraschend auch wieder nicht.
Denn Ricœur verweist auf den »Zusammenhang« dieser Bedeutung »mit dem Vorausgegangenen; die eingestandene Schuld jemandem gegenüber, ein Geständnis, das an diesen gerichtet ist,
führt auf den Weg zur Dankbarkeit, vorausgesetzt, es kommt

eine spontane, liebenswürdige Re-aktion wie zur Begleichung einer Schuld hinzu« (26). Dass der Zusammenhang von Anerkennung – zum Beispiel einer Schuld – und Dankbarkeit so überraschend nicht ist, wie es zunächst erscheinen mag, zeigt auch die Tatsache, dass nicht nur im Französischen, sondern auch im Englischen und im Deutschen Anerkennung die Bedeutung von Dankbarkeit annehmen kann. Das englische »recognition« hat als Synonym »gratitude« oder auch »thankfulness«. Und im Deutschen gehört die Dankbarkeit auch zur Semantik der Anerkennung, wenn etwa anerkennend etwas zur Kenntnis genommen oder nach einer erbrachten guten Leistung anerkennend applaudiert wird.

Nach seinen Ausführungen zur Lexikographie zu Beginn der *Wege der Anerkennung* kommt Ricœur erst am Ende seines Buches wieder auf die Dankbarkeit zu sprechen. Nur wenige Seiten sind dieser Bedeutung der Anerkennung gewidmet. Fast könnte man den Eindruck haben, dass sich die lexikographische Besonderheit dieser Bedeutung auch in ihrer philosophischen Dimension spiegelt. Neben dem Anerkennen als Identifizieren, als Sich-selbst-Erkennen und als wechselseitiges Anerkennen scheint das Anerkennen als Danken nur eine untergeordnete Rolle zu spielen. Man könnte allerdings umgekehrt auch argumentieren, dass man sich nicht durch die Kürze von Ricœurs Ausführungen zur Dankbarkeit über ihre systematische Bedeutung täuschen lassen sollte. Denn die dritte Abhandlung, so die hier vertretene These, findet ihre Mitte und ihr Ziel in den Ausführungen zur Dankbarkeit. Für Ricœur ist Dankbarkeit ein »Gefühl, das Geben und Erwidern im Empfangen trennt und wieder verbindet« (299). Innerhalb der »Trias geben-empfangen-erwidern« (302) spielt für ihn das mittlere Glied allerdings eine besondere Rolle. »Das Empfangen«, so Ricœur, »wird Schlüsselkategorie, weil die Art, wie die Gabe angenommen wird, darüber entscheidet, *wie* der Empfänger sich zur Gegengabe verpflichtet fühlt. Das erinnert an ein eben beiläufig erwähntes Wort: gratitude – Dankbarkeit.« (302 f.) Und noch radikaler: »Letzten Endes ruht alles auf dem Mittelglied der Trias geben-empfangen-erwidern.« (303) Die Dankbarkeit deutet Ricœur als eine Weise der Anerkennung folgendermaßen: Sie mache »die Last der Verpflichtung zur Gegengabe leichter und orientiert diese auf eine Großherzigkeit, die derjenigen gleicht, die zur ersten Gabe geführt hat« (ebd.). Das bedeutet, dass der Dankbarkeit innerhalb der von Ricœur entfalteten Phänomenologie der Gabe und somit innerhalb seiner Überlegungen zur wechselseitigen Anerkennung die zentrale Position zukommt. Ohne Dankbarkeit wäre die Gabe nicht nur als Gabe nicht anerkannt. Es wäre auch keine Erwiderung möglich – zumindest keine Erwiderung als Zeichen einer wechselseitigen Anerkennung. Denkbar ist nur eine äußerliche Erwiderung zum Beispiel aus gesellschaftlicher Konvention oder aus Furcht vor den Folgen der Nicht-Erwiderung einer Gabe.

Der Kampf um Anerkennung und gegen Verkennung könne nun, so Ricœur, im Geschehen dankender Anerkennung – bei allen »Schwachstellen«, die die Dankbarkeit aufweisen könne (299) – in bestimmten Momenten zur Ruhe kommen. Dies sind Momente des Friedens. Damit ist allerdings noch nicht jener Friedenszustand verwirklicht, den Ricœur in *Wege der Anerkennung* nur andeutet: jener Frieden, auf den der christliche Begriff der *agape* verweist. Denn Ricœur beendet die dritte Abhandlung mit vorsichtigen, fast skeptisch zu nennenden Überlegungen zur »Unendlichkeit« des Kampfes um Anerkennung (306). »Wann«, so fragt er, »kann sich ein Individuum für anerkannt halten? Droht das Verlangen nach Anerkennung nicht unendlich zu sein?« (305) Zwar machen, so Ricœur, die »Partner im Austausch der Gaben eine Erfahrung realer Anerkennung« (305). Doch fügt er hier ein, was er eine »Vorbehaltsklausel« – unter den Bedingungen der philosophischen Vernunft – nennt: »Man sollte von der Erforschung der Anerkennung im Licht der Gabe nicht mehr erwarten als eine Aussetzung des Streits.« Denn die »Erfahrung der Gabe« sei nicht »von der Last potentieller Konflikte zu trennen, die mit der produktiven Spannung zwischen Großherzigkeit und Verpflichtung zusammenhängen.« (306) Somit stehen die *Wege der Anerkennung* letztlich unter einem eschatologischen Vorbehalt (ohne dass Ricœur seinen Vorbehalt so qualifizieren würde). Sie verweisen auf einen Frieden, in dem ein Kampf um Anerkennung nicht mehr nötig und letztlich auch nicht mehr möglich ist, da es keine »Last potentieller Konflikte« mehr gibt.

Die bisher entfaltete These, dass man im Geschehen der Dankbarkeit das Zentrum der dritten Abhandlung finde, dürfte, so wenig Ricœur sie ausdrücklich entfaltet, nicht kontrovers sein. Die nun zu entfaltende These ist allerdings kontroverser. Es scheint nicht der Fall zu sein, dass Ricœur selbst sie thematisiert oder überhaupt an sie gedacht hat. Es handelt sich um eine These, die auf ein Weiterdenken mit und zugleich auch gegen Ricœur hinausläuft, das seinen Gedankengang ernst nimmt, aber auf ein noch nicht genutztes oder nicht anerkanntes Potential aufmerksam macht, eine Möglichkeit, die noch nicht zu einem Denkereignis geworden ist – zumindest nicht bei jenen Denkern, die Ricœur in *Wege der Anerkennung* in den Mittelpunkt seiner Studien gestellt hat. Diese These besagt, dass die Dankbarkeit nicht nur das verborgene Zentrum der dritten, sondern auch der ersten und zweiten Abhandlung und somit der gesamten Wege der Anerkennung sein könnte.

Wie ließe sich dies denken – dass auch die logische und die narrative Anerkennung, das Identifizieren von etwas und das Wiedererkennen und Erkennen von sich selbst, auf die Dankbarkeit als eine unter diesen Umständen nur vermeintliche Nebenbedeutung der Anerkennung verweisen? Lässt sich jedes Anerkennen als ein Danken verstehen? Ist der »unvermutete Gast« der Dankbarkeit ein blinder Passagier auch im ersten und zweiten Teil – oder sogar eigentlich der Gastgeber, für den man als Denker dankbar zu sein hat? Ist, mit anderen Worten, Anerkennen vielleicht immer ein Danken? Ist es nicht immer innerhalb eines – noch näher zu qualifizierenden – Geschehens von Gabe und Erwiderung zu verorten, in dessen Mitte der Dank, das dankende Empfangen dessen, was (wieder-)erkannt wird, steht?

3. Dank der Anerkennung – Anerkennung des Dankes

Die genannten Fragen könnten in die Nähe von Denken und Danken verweisen, auf die Martin Heidegger in seinem Spätwerk verschiedentlich aufmerksam gemacht hat. »Lernt erst danken / Und ihr könnt denken«, so heißt es in einem »Wink« Heideggers unter dem Titel »Seyn und Denken«.[1] Später sollte Heidegger das Danken sogar dem Denken vorordnen beziehungsweise ihm eine wichtigere Bedeutung als dem Denken (und auch dem Dichten) zuschreiben: Der Dank, so Heidegger kurz vor seinem Tod, sei »Stiftender als Dichten, / gründender auch als Denken«.[2] Denn »Die zu danken vermögen, / bringt er zurück vor die Gegenwart des Unzugangbaren, / der wir Sterbliche / anfänglich ge-eignet sind«.[3] Oft ist hingegen der Unterschied zwischen Denken und Danken kaum noch fassbar. Denken scheint nur als Danken möglich zu sein: »Die ins Danken gelangen«, so Heidegger, »erfahren die geheimnisvolle Kraft der Vergegenwärtigung, die der Dank in sich birgt.«[4] Man könnte, wenn Heidegger auf den engen Zusammenhang von Denken und Danken verweist, kritisch gegen diese Überlegungen einwenden, dass es sich hierbei um ein reines Wortspiel handelt. Heidegger hat diesen Zusammenhang allerdings weder erfunden noch als erster gesehen. »Denken, Danken ist mehr ein Gleichlaut und kein Reim und hängt doch auch zusammen,« so heißt es in Ludwig Tiecks Novelle »Der junge Tischlermeister«.[5]

Vielleicht spielen weder Tieck noch Heidegger bloß mit Worten, sondern verweisen auf eine wichtige Einsicht oder Erfahrung, die insbesondere in der Tradition, die Ricœur in der ersten und zweiten Abhandlung der *Wege der Anerkennung* untersucht, gar nicht oder nur wenig berücksichtigt worden ist: dass nämlich das Denken oder Erkennen sich nicht selbst gründet und nicht allein einen Anspruch stellt, sondern zunächst auf einen Anspruch zu antworten hat. Heidegger stellt somit in seinen Gedanken zur Nähe von Denken und Danken die Gewissheit und Selbstsicherheit des modernen *cogito* – wie übrigens auch Paul Ricœur selbst – radikal in Frage. Folgt man nämlich der neuzeitlichen Logik, steht der Denker in keiner Schuld und ist daher auch zu keinem Dank verpflichtet. Vielmehr lässt sein Denkakt alles andere in seiner Schuld stehen. Insofern es (an-) erkannt wird, so könnte man aus dieser Perspektive schließen, ist es ihm etwas schuldig. Ähnliches könnte dann auch für das Wiedererkennen gelten. Auch bei diesem scheint Dankbarkeit nicht geboten zu sein, sodass es tatsächlich angebracht ist, erst dort von Dankbarkeit zu sprechen, wo das Verhältnis zwischen einem Selbst und einem anderen Selbst thematisiert wird. Doch stellt sich – nicht allein mit Heidegger – die Frage, ob diese Logik das Geschehen des Erkennens und Wiedererkennens tatsächlich erfasst beziehungsweise überhaupt erfassen kann.

An dieser Stelle muss zunächst erörtert werden, ob der Dank, wo von Anerkennung im Sinne der ersten und zweiten Abhandlung der *Wege der Anerkennung* die Rede ist, notwendigerweise immer einen Adressaten hat. Wenn dies der Fall wäre und der Adressat kein menschlicher Adressat ist oder sein kann, müsste es sich um einen göttlichen Adressaten handeln. Wäre dem so, würden die Gedanken zum Danken den Bereich einer Theorie der (Wieder-)Erkenntnis, des Sozialen oder auch des Politischen verlassen und zu theologischen oder zumindest religionsphilosophischen Überlegungen werden müssen. Ihr Charakter würde sich maßgeblich ändern. Man könnte dann auch besser verstehen, warum sich Ricœur nicht der Aufgabe gestellt hat, die *Wege der Anerkennung* von der Dankbarkeit her einer *relecture* zu unterziehen. Denn dann hätte zumindest die von ihm sonst sorgsam vermiedene Gefahr bestanden, die Grenzen zwischen einem philosophischen und einem theologischen beziehungsweise religiösen Diskurs zu überschreiten oder zumindest zu verwischen.

Es ist allerdings, wie nicht allein Heidegger voraussetzt, sondern auch Dieter Henrich vor dem Hintergrund ganz anderer philosophischer Grundoptionen ausdrücklich betont, gar nicht notwendig, den Dank theologisch oder religiös – etwa im Sinne des christlichen Verständnisses eines Dankes, den der Mensch Gott schuldet – zu deuten. Es sei, so Henrich mit Bezug auf eine der wohl intensivsten Weisen, Dank zu sagen, nämlich für das gesamte eigene Leben, »einzusehen, daß aus einer Untersuchung über die vielgestaltige humane Wirklichkeit des Dankes heraus gar nicht ohne weiteres darüber entschieden werden kann, ob wir in unserem Lebensdank einem Absoluten zugewendet sind, das als gütiger Gott zu erfahren ist, oder ob es angemessen ist, unser Leben in der Dankbarkeit zu vollenden, die nach keiner Adresse sucht oder suchen müsste, wenn sie sich nur recht verstünde«.[6] Es könnte daher der Fall sein, dass auch andere Weisen des Dankens sich nicht an einen bestimmten Adressaten richten müssen (und dass die Frage nach einem möglichen personalen Adressaten an dieser Stelle daher offen gehalten werden kann). Das Phänomen der Dankbarkeit, die Tatsache, dass auch Menschen, die nicht an einen Gott glauben, tiefen Dank empfinden können, der nicht im vertrauten, einen personalen Geber und Empfänger voraussetzenden Wechselspiel von Gabe und Gegengabe steht und der sich somit nicht an eine bestimmte Person als Adressaten richtet, spricht nach Henrich für sich selbst.

Henrich hat in seinen »Gedanken zur Dankbarkeit« – geschrieben zu Ehren von Robert Spaemann[7] – die vielleicht philosophisch überzeugendsten und systematisch kohärentesten Ausführungen zum Phänomen des Dankes verfasst.[8] Skizzenhaft sei im Folgenden vor dem Hintergrund seiner komplexen, neben der Ethik und der Theorie des Absoluten auch die Ontologie und die Theorie der Subjektivität berührenden Überlegungen dargelegt, in welcher Weise es sich anbieten könnte, auch die erste und die zweite Abhandlung der *Wege der Anerkennung* auf das Geschehen des Dankes hin – und von ihm her – zu lesen. Als wichtiger Orientierungspunkt dient Henrich – wie auch Spaemann – der erste Vers des Liedes »Täglich zu singen« von Matthias Claudius: »Ich danke Gott, und freue mich, / Wie's Kind zur Weihnachtsgabe, / Daß ich bin, bin! Und daß ich dich / Schön Antlitz! Habe.«[9] Henrich deutet das Lied von Claudius als ein »Danklied für die Gegenwart in der schönen Welt und dafür, daß sie uns Heimat ist«.[10] Es ist also, folgt man Claudius, nicht

nur dort zu danken, wo Menschen im Geschehen wechselseitiger Anerkennung stehen – auf das Claudius auch Bezug nimmt,
nämlich durch den Hinweis auf die Freude des Kindes über die
Weihnachtsgabe. Der Dank dafür, dass Menschen in der Welt
gegenwärtig sind und dass diese – die Natur, die Dinge und
Menschen – ihnen Heimat ist, dass sie erkennen können und
sie sich nicht im Illusionären verlieren, verweist darauf, dass
die Dankbarkeit ihren Ort und Bezug auch anderswo finden
kann.

Henrich greift die Anregung durch das Gedicht von Claudius
auf und versucht, sie philosophisch zu deuten. Von der vertrauten Tatsache, dass wir für einen anderen Menschen dankbar sein
können, leitet er ab, dass wir auch für uns selbst dankbar sein
können: Wir »können [...] nun auch für uns selber dankbar sein,
wenn wir den Dank des Anderen für uns in uns aufnehmen und
ihm entsprechen. Wir danken dann nicht etwa für seinen Dank
[...] Wir danken vielmehr dafür, daß von uns die Kraft ausging,
anderem Leben wohlzutun, es zu stärken und in ihm wohltäti-
ger Weise zu binden.«[11] Der wechselseitigen Anerkennung ist
der Dank nicht einfach für die Gabe, die der andere Mensch gibt,
sondern auch für die Gabe, die der andere Mensch ist, einge-
schrieben. Wenn ein anderer Mensch aber – im Rahmen wechselseitiger Anerkennung – auch dafür Dank empfindet, dass
man selbst ist, kann dieser Dank bei einem selbst zum Dank für
das eigene Dasein werden. Ansonsten würde man ja aus dem
Geschehen wechselseitiger Anerkennung herausfallen. Man
würde den Dank des anderen Menschen für das eigene Dasein
nicht ernst nehmen.

Der Übergang vom Geschehen des Dankens, das sich vor dem
Hintergrund der Überlegungen der dritten Abhandlung der
Wege der Anerkennung erschließt, zu einem Geschehen des
Dankens, das die Thematik der zweiten Abhandlung tiefer zu
verstehen hilft, scheint daher fließend zu sein: »Indem ich aber
seinen Dank erkenne, aufnehme und in einem Wissen davon,
daß er ihn erfährt, bewahre und anerkenne, ist mir doch die
Frage, in welchem Sinne ich für mein Dasein dankbar zu sein

vermag, angemutet und in ein durch seinen Dank bewegtes Erwägen aufgegeben.«[12] Auch jedes Wieder-Erkennen oder Sich-
Identifizieren kann somit nicht nur, wie Ricœur andeutet, auch
vor dem Hintergrund der Alteritätserfahrung in der wechselseitigen Anerkennung verstanden werden, sondern auch als Geschehen, in dem der Dank für das eigene Dasein in der Mitte
zwischen einer Gabe – der Faktizität, dass, mit Claudius gesprochen, »ich bin, bin!« – und der Erwiderung dieser Gabe in
der Anerkennung des eigenen Daseins im dankenden »ich bin,
bin«-Sagen steht.

Ein ähnlicher Gedanke lässt sich mit Blick auf die erste
Abhandlung, also auf das Anerkennen als Identifizieren entwickeln. Das Gedicht von Claudius verweist auch auf diese Möglichkeit. Denn Claudius dankt dafür, dass er »dich / schön Antlitz« habe, dass er also etwas sehen und d. h. etwas erkennen
kann. Diese Fähigkeit kann als etwas verstanden werden, das
nicht selbstverständlich ist und für das der Mensch, ohne dass
er dabei – anders als freilich Claudius selbst – an einen Gott
glauben müsste, Dank empfinden kann. Henrich erörtert in
diesem Zusammenhang im Ausgang von Claudius die Frage,
»ob wir in eine Beziehung zur Welt als solcher zu gelangen
vermögen oder gar zu gelangen bestimmt sind, welche eine Beziehung selbst schon der Dankbarkeit ist, oder ob unsere Weltbeziehung, wenn sie zur Vollendung oder in das rechte Verständnis ihrer selbst gelangt, sich zu einer solchen des Dankes
verwandelt«.[13] Seiner Ansicht nach könne ein »solcher Dank
[…] nur aus einer Distanz zur Welt als Ganzer hervorgehen«.[14]
Diese einmal eingenommene Distanz zur Welt als Ganzer, so
Henrich, bleibe auch »gegenwärtig«, wenn man zur Welt zu-
rückgekehrt sei.[15] Damit hat man die Unmittelbarkeit verloren,
die den Dank für die eigene Existenz oder die Heimat in der Welt
kennzeichnen kann – wie nach Henrich das Beispiel des Liedes
von Matthias Claudius zeigt.[16] Denn nun steht man im Horizont
eines »Weltverstehens«, das auch die alltägliche »Welt-« und
»Selbstbeziehung« ändert. Trotzdem erlaubt gerade diese den-
kerische Distanz zur Welt einen tief empfundenen Dank. Hen-

rich spricht in diesem Zusammenhang von »kontemplativem Dank«.[17] Er deutet ihn vor allem als Dank für »Wesen«, d. h. »andere Zentren, die in und aus sich bewegt sind«.[18] Diese »Wesen« sind für ihn Tiere und Pflanzen, aber auch Institutionen und Traditionen.[19] Für sie können Menschen seiner Ansicht nach ebenfalls dankbar sein, auch wenn sie ihnen gegenüber in keiner Schuld stehen, sodass dann ihr Dank »in die Welt geht«. Dieser Dank sei auch »weit umfassender als jener Dank, der zwischen Menschen und der für Menschen zu geben ist«.[20]

Wenn Henrich in diesem Zusammenhang von Dank spricht, so nicht in dem Sinne Heideggers, der Denken als Danken deutet oder sogar so etwas wie einen Primat des Dankens nahelegt, sondern in einer Weise, die bei aller Nähe von Denken und Danken von ihrer bleibenden Differenz – nämlich unter dem Primat des Denkens – ausgeht: »Der Dank in allen seinen Gestalten erschließt sich aus dieser Distanz und der Rückkehr, welche aus dieser Distanz ermöglicht ist und in die sie eingeht. Er ist auch unabscheidbar von ihr. Aber dennoch ist der Dank von der Bewegung hin zur Distanz und dann zur Rückkehr aus ihr umgriffen. Das Denken, das als solches dem bewußten Leben zugehört, ist selbst nicht Dank und ist vollendet doch nur, wenn aus dem Anschluß an seine Bewegung die Bereitschaft zum Dank oder der Dank selbst kommt.«[21] Anders als Ricœur deutet Henrich den Dank nicht einfach als ein Gefühl.[22] Wenn auch das Danken nicht einfach mit dem Denken zusammenfällt, entsteht der Dank doch vor dem Hintergrund des Denkens und zeigt somit nicht allein Momente des Gefühlshaften, sondern auch der Reflexion. Für ihn ist der Dank daher dem »bewussten Leben« zugehörig. Es mag insbesondere dieses unterschiedliche prinzipielle Verständnis des Dankes sein, das erklären kann, warum Ricœur in den *Wegen der Anerkennung* nicht die Möglichkeit eingeräumt hat, vom Geschehen des Dankes her seine Studien noch einmal zu lesen und zu vertiefen. Denn allein wenn Dank mehr ist als ein Gefühl, scheint dies überhaupt möglich zu sein.

Die Überlegungen von Henrich – wie auch in einer vorphilosophischen Weise das Gedicht von Claudius – verweisen auf die Möglichkeit, dass sich auch das (An-)Erkennen als Identifizieren im Dank vollenden kann: im Dank zum Beispiel dafür, dass das Selbst, auch weil es selbst da ist, sich überhaupt in einer »Weltbeziehung«, in einer Beziehung zu Wesen, mit denen man nicht im Austausch von Gabe und Erwiderung steht, finden kann. Dann kann »das ganze Weltverhältnis [...] zu einer Beziehung der Dankbarkeit« werden.[23] Dieser Dank bleibt ein Freiheitsgeschehen. Er ist in keiner Weise notwendig. Doch bleibt es möglich zu sagen, dass eine Erkenntnis, die nicht auch einen Dank artikuliert, unvollendet bleibt. Denn auch dort, wo etwas als etwas identifiziert wird (und das gilt letztlich nicht allein für lebendige oder von lebenden Wesen hervorgerufene »Wesen«, wie Henrichs Ausführungen nahelegen könnten, sondern für alles, was sich als erkennbar zeigt), wird nicht allein aktiv ein Anspruch erhoben, sondern auch passiv auf einen Anspruch geantwortet. Dieser Anspruch zeigt sich darin, dass etwas gegeben ist und in seiner Wahrheit erkannt sein will. Mit Henrich könnte man hier von einer »Berührung« und »Bindung« durch jenes, was er Wesen nennt, sprechen.[24] Dies gilt umso mehr, wo man sich selbst (wieder-)erkennt und für das eigene Dasein Dank empfinden kann. Die Bahn im Gebrauch des Wortes »Anerkennung«, die Ricœur beschreibt, ließe sich also nicht nur als eine Bahn beschreiben, auf der der erste Sinn der Anerkennung weiterhin präsent ist, sondern auch als eine Bahn, auf der der letzte Sinn der Anerkennung immer schon gegenwärtig sein *kann*, wenn nämlich aus Freiheit jener Dank ausgesprochen wird, der jeder Erkenntnis erwiesen werden kann.

4. Anerkennung und die Möglichkeit des Friedens

Wenn aber die Dankbarkeit als das innere Zentrum der *Wege der Anerkennung* gelesen werden kann, so stellt sich noch eine weitere Frage: Findet der Gedanke des Friedens, den Ricœur in der dritten Abhandlung entfaltet, auch eine Entsprechung in der ersten und der zweiten Abhandlung? Man kann vermuten, dass auch dies der Fall ist. Denn was Ricœur im Rahmen seiner Ausführungen zum »wechselseitigen Anerkennen [...] als Kampf gegen das Verkennen durch andere und zugleich als Kampf um die Anerkennung durch andere« (319) in der dritten Abhandlung diskutiert, nämlich jene unabschließbare Spannung, die nur unter Vorbehalt und auf Zeit gelöst werden kann, gibt es in analoger Form auch im Bereich der logischen und der narrativen, auf die eigene Existenz bezogenen Anerkennung. Jedes Identifizieren, sei es das Identifizieren eines Anderen als eines Anderen oder des Selbst im Sinne der Selbsterkenntnis, ist auch ein »Kampfgeschehen«, wenn denn dies bedeutet, dass es etwas ist, das immer wieder in Frage gestellt und gefährdet ist – durch den Irrtum, auf den Ricœur ja ausdrücklich Bezug nimmt.

Somit steht auch jedes Identifizieren und Wiedererkennen beziehungsweise Sich-selbst-Erkennen unter einem Vorbehalt. Es steht nicht nur in der Gefahr der perspektivischen Verkürzung, sondern der Täuschung oder der Entfremdung. Anerkennung, so ließe sich sagen, ist immer gegen alle Widerstände ein Vertraut-Machen und Vertraut-Werden, ein Heimat-Finden und Sich-Einrichten in der Welt, das allerdings eine prinzipielle Differenz letztlich nicht aufzuheben vermag, nämlich die zwischen Subjekt und Objekt, zwischen Ich und Anderem, gerade auch wo das Ich selbst sich als Anderes erfährt. Bereits zu Beginn der zweiten Abhandlung verweist er auf die Problematik, die jedem Sich-Selbst-Erkennen innewohnt: »Der Weg«, so Ricœur, »ist weit für den ›handelnden und erleidenden‹ Menschen, bis er erkennt, was er in Wahrheit ist: ein Mensch, der bestimmte Dinge zu vollbringen ›fähig‹ ist. Mangels jener gegenseitigen, vollständig wechselseitigen Anerkennung, die jeden der Partner, wie in der dritten Abhandlung gezeigt wird, zu einem anerkannten Wesen macht, bedarf dieses Sich-Erkennen, auf jeder Stufe der Hilfe anderer. Das Sich-Erkennen, von dem die vorliegende Abhandlung handelt, bleibt also nicht nur unabgeschlossen, wie das strenggenommen auch bei der wechselseitigen Anerkennung der Fall ist, sondern überdies verstümmelt, da das Verhältnis zum anderen, selbst nach dem Muster der Hilfe oder realer Behinderung, asymmetrisch bleibt« (97).

Anerkennung ist, auch wenn man der ersten und zweiten Abhandlung folgt, ein Geschehen, das von Unvollkommenheit gekennzeichnet ist. Auch hier bleibt der »Kampf um Anerkennung« unendlich. Aber auch hier gibt es Momente der »Aussetzung des Streits«, die auf die Möglichkeit eines Friedens hinzuweisen scheinen, der nicht mehr unter den Bedingungen endlicher Anerkennung steht. Auch die Möglichkeit dieses Friedens sprengt den Bereich der Philosophie und verweist auf einen Weg jenseits eines rein philosophischen Weges der Anerkennung.

Anmerkungen

1 M. Heidegger, »Winke«, in: *Aus der Erfahrung des Denkens* (GA 13), Frankfurt 1983, 30.

2 M. Heidegger, »Stiftender …«, in: *Aus der Erfahrung des Denkens* (GA 13), 242.

3 Ebd., 242.

4 M. Heidegger, »Fridolin Wiplingers letzter Besuch«, in: *Aus der Erfahrung des Denkens* (GA 13), 239.

5 Vgl. L. Tieck, »Der junge Tischlermeister«, in: *Schriften*, Band 11, Frankfurt 1988, 211.

6 D. Henrich, »Gedanken zur Dankbarkeit«, in: *Bewußtes Leben. Untersuchungen zum Verhältnis von Subjektivität und Metaphysik*, Stuttgart 1999, 152–193 (erstmals als Teilveröffentlichung in: *Oikeiosis. Festschrift für Robert Spaemann*, hg. von Reinhard Löw, Weinheim 1987, 38–86), 191.

7 Vgl. für eine kurze Diskussion der Dankbarkeit bei Spaemann: H. Zaborowski, *Robert Spaemann's Philosophy of the Human Person. Nature, Freedom, and the Critique of Modernity*, Oxford 2010, 257 f.

8 In diesem Zusammenhang sei auch auf Otto Friedrich Bollnow verwiesen, von dem weitere wichtige Ausführungen zur Dankbarkeit stammen: *Neue Geborgenheit. Das Problem einer Überwindung des Existentialismus* (= Schriften. Studienausgabe in 12 Bänden; Band 5), Würzburg 2011, 87–97. Überlegungen zur Dankbarkeit finden sich aus der Sicht christlicher Philosophie auch bei Jörg Splett (vgl. unter anderem *Denken vor Gott. Philosophie als Wahrheits-Liebe*, Frankfurt 1996; »Gedenken. Erbe und Anstöße«, in: P. Hofmann und H.-G. Nissing [Hg.], *Dienst an der Wahrheit*.

Jörg Spletts Philosophie für die Theologie, Paderborn 2013, 133–158, insb. 158).

⁹ D. Henrich, »Gedanken zur Dankbarkeit«, 165. Vgl. für das Gedicht »Täglich zu singen« M. Claudius, *Werke. Asmus Omnia Sua Secum Portans oder: Sämtliche Werke des Wandsbecker Boten*, München ⁶1965, 178 f.

¹⁰ D. Henrich, »Gedanken zur Dankbarkeit«, 169.

¹¹ Ebd., 168.

¹² Ebd., 167.

¹³ Ebd., 175.

¹⁴ Ebd.

¹⁵ Vgl. ebd., 176.

¹⁶ Vgl. hierzu ebd., 175.

¹⁷ Vgl. hierzu ebd., 180 ff.

¹⁸ Ebd.

¹⁹ Vgl. hierzu ebd.

²⁰ Ebd.

²¹ Ebd., 179.

²² Für Ricœurs Deutung des Dankes als Gefühl vgl. *Wege der Anerkennung*, 299.

²³ D. Henrich, »Gedanken zur Dankbarkeit«, 183.

²⁴ Vgl. hierzu auch ebd., 181: »In dieser Zuwendung [scil. zu den »Wesen«, H. Z.] nehmen wir Wesen an und in unser Erwägen und Bewahren auf auch und gerade dann, wenn sie uns nicht wohlzutun oder zu danken vermögen. Aber wir können unsererseits dankbar sein dafür, dass sie uns berühren und wohl gar binden ohne alles Entsprechen, das in ihnen selbst aufzukommen vermöchte.«

Das Phänomen der Anerkennung

Paul Ricœurs Kritik der Kantischen Ethik

Peter Welsen

Ricœur macht es dem Leser seiner letzten zu Lebzeiten erschienenen Monographie *Wege der Anerkennung* nicht ganz leicht. Einerseits greift er mit dem Phänomen der Anerkennung ein wesentliches Problem der praktischen Philosophie auf, das bislang kaum systematisch befriedigend geklärt wurde, anderseits lässt seine Darstellung eine Reihe von Ambiguitäten und Spannungen erkennen. Dazu stellt ein Rezensent fest: »Er [will] in einer Grauzone von spekulativer Begrifflichkeit und Empirie einerseits die kulturelle, ethische und politische Virulenz des Begriffs retten, ihn anderseits aber nicht der Polysemie ausliefern.«[1] Die Gefahr einer polysemischen Ausfaserung ist nicht zuletzt dadurch gegeben, daß Ricœur bei seiner Untersuchung von Einträgen in Wörterbüchern sowie von zahlreichen verstreuten Äußerungen aus Werken von Philosophen, politischen Denkern und Soziologen ausgeht, die ein hohes Maß an Divergenz aufweisen. Erschwerend kommt hinzu, daß er sich bei seiner Auswahl lexigraphischer Werke im Wesentlichen auf den Bereich der französischen Sprache beschränkt, die sich hinsichtlich der Semantik von *reconnaître* oder *reconnaissance* durchaus signifikant von der deutschen und anderen Sprachen unterscheidet.

Umgekehrt suggeriert die Gliederung des Werkes, daß sich das Phänomen unter drei Aspekten darstellen läßt: 1) »Reconnaissance als Identifizieren«; 2) »Sich selbst erkennen«; 3) »Die wechselseitige Anerkennung« (vgl. 5 f.). Angesichts des sich darbietenden Gegensatzes zwischen Einheit und Vielfalt stellt sich die Frage, ob die *Wege der Anerkennung* einem roten Faden folgen oder letztlich diffus bleiben. Zwar spricht Ricœur in diesem Zusammenhang von einer »geregelten Polysemie« (20), doch es fragt sich, ob er diese tatsächlich freigelegt hat. Ein anderer Rezensent meint dazu: »Es war Paul Ricœur nicht mehr vergönnt, seiner ›Phänomenologie‹ der Anerkennung eine ›Logik‹ ihrer komplexen Struktur folgen zu lassen. Manche der aufgeworfenen Fragen lassen sich vielleicht beantworten, wenn man sein umfangreiches Lebenswerk unter dem Aspekt der Anerkennung neu untersucht. Man muß die Wege der Anerkennung weitergehen, um herauszufinden, ob sie auf ein gemeinsames Ziel zulaufen.«[2]

Natürlich ist es illusorisch, diese Aufgabe im Rahmen des vorliegenden Beitrags zu bewältigen. Er läßt sich vielmehr von dem bescheideneren Ziel leiten, Ricœurs in *Das Selbst als ein Anderer*[3] vorgetragene Kritik der Kantischen Ethik unter dem Gesichtspunkt der Anerkennung zu beleuchten. Zugunsten der Legitimität – womöglich sogar der Fruchtbarkeit – dieses Unternehmens sprechen mehrere Gründe: 1) Kant gehört zu den Autoren, auf die Ricœur in *Wege der Anerkennung* ausführlich eingeht. 2) Ricœur greift in der zweiten der drei Abhandlungen des Werks unter der Überschrift »Eine Phänomenologie des fähigen Menschen« die wichtigsten Gedanken, ja sogar die Makrostruktur von *Das Selbst als ein Anderer* erneut auf, um die Selbsterkenntnis beziehungsweise das Selbstverständnis des Menschen unter dem Aspekt des »Sich selbst erkennen« zu erläutern. 3) Die Kritik, die Ricœur in der achten und neunten Abhandlung der in *Das Selbst als ein Anderer* vorgestellten Hermeneutik des Selbst an Kants deontologischer Ethik übt, läuft darauf hinaus, daß er deren teleologische Voraussetzungen – darunter nicht zuletzt die Anerkennung des Anderen als Pointe der zweiten Fassung des kategorischen Imperativs – zutage fördert.

Ob und bis zu welchem Grade sich vor diesem Hintergrund Konvergenzen zwischen beiden Texten auftun, wird im folgenden zu erörtern sein. Dies soll in fünf Schritten geschehen: 1) Die Stellung Kants in *Wege der Anerkennung*. 2) Die Hermeneutik des Selbst in *Wege der Anerkennung*. 3) Die Stellung der

Ethik in *Das Selbst als ein Anderer*. 4) Zur Kritik der Kantischen Ethik in *Das Selbst als ein Anderer*. 5) Desiderate.

1. Die Stellung Kants in *Wege der Anerkennung*

Es fällt auf, daß Ricœur vor allem im ersten, mit »Reconnaissance *als Identifizieren*« überschriebenen Abschnitt von *Wege der Anerkennung* auf Kant zu sprechen kommt. Dort erläutert er, daß *reconnaissance* die Bedeutung von Kognition im Sinne einer bloßen Kenntnis oder Erkenntnis annehmen kann. Während dies bei Descartes darauf hinauslaufe, daß Erkenntnis dadurch geschehe, daß etwas identifiziert und dabei von etwas anderem unterschieden werde, gehe es Kant darum, daß Erkenntnis durch eine Synthesis geleistet werde. Genauer gesagt komme es ihm darauf an, daß ein anschaulich gegebenes Mannigfaltiges mit Hilfe von Begriffen als einheitlicher Gegenstand aufgefaßt werde.

In diesem Zusammenhang erläutert Ricœur insbesondere den Begriff der Rekognition, den Kant in der ersten Auflage der *Kritik der reinen Vernunft* im Rahmen der Lehre von der dreifachen Synthesis einführt, die ihrerseits zur Deduktion der reinen Verstandesbegriffe gehört. Ziel dieser Deduktion ist es, den Nachweis zu erbringen, daß Erkenntnis im Sinne von Erfahrung nur dadurch möglich ist, daß bestimmte apriorische Begriffe, die Kategorien, erforderlich sind, um etwas Gegebenes als Gegenstand zu bestimmen. Dies beinhaltet, daß ein mannigfaltig Gegebenes insofern zur Einheit gebracht wird, als es auf einen Gegenstand bezogen wird, der sich in der Zeit als identischer darbietet.

Um das einsichtig zu machen, nimmt Kant an, daß drei Arten von Synthesis zu leisten sind: die »Synthesis der Apprehension in der Anschauung«, die »Synthesis der Reproduktion in der Einbildung« sowie die »Synthesis der Rekognition im Begriffe«. Diese – nicht ganz einfach zu rekonstruierende – Lehre zielt darauf ab, daß erstens »das Durchlaufen der Mannigfaltigkeit und dann die Zusammennehmung desselben«[4], zweitens eine Reproduktion eines früheren Gegebenen sowie drittens eine – kraft eines Begriffs erfolgende – Erkenntnis eines Gegebenen als eines mit einem früheren Gegebenen identischen erfolgt. Es liegt auf der Hand, daß genau Letzteres die Synthesis der Rekognition ist. Kant begründet ihre Einführung wie folgt: »Ohne Bewußtsein, daß das, was wir denken, eben dasselbe sei, was wir einen Augenblick zuvor dachten, würde alle Reproduktion in der Reihe der Vorstellungen vergeblich sein. Denn es wäre eine neue Vorstellung im jetzigen Zustande, die zu dem Actus, wodurch sie nach und nach hat erzeugt werden sollen, gar nicht gehörete, und das Mannigfaltige derselben würde immer kein Ganzes ausmachen, weil es ihm der Einheit ermangelte, die ihm nur das Bewußtsein verschaffen kann.«[5] In einem weiteren Schritt argumentiert Kant, die Erkenntnis eines in der Zeit identischen Gegenstandes setze auf seiten des Subjekts ein identisches, mit sich selbst vertrautes Bewußtsein, die transzendentale Apperzeption, voraus. Ricœur resümiert: »Die gesamte transzendentale Deduktion wird folgendermaßen zusammengefaßt und verkündet: keine Verbindung ohne Synthesis, aber keine Synthesis ohne Einheit und keine Einheit ohne Bewußtsein« (70).

Wirft man hingegen einen Blick in den zweiten Abschnitt (»Sich selbst erkennen«), so entdeckt man, daß nur sporadisch von Kant die Rede ist. Dort moniert Ricœur, dessen Konzeption der praktischen Vernunft lasse »wenig Raum für die Thematik des Sich-Erkennens als gesonderter Diskursinstanz, und dies trotz der expliziten Bezugnahme auf das Selbst in der Forderung nach Autonomie« (121). Ähnliches gilt auch für den dritten Abschnitt (»Die wechselseitige Anerkennung«), in dem Ricœur eine Verbindung der Thematik zur Kategorie der Wechselwirkung herstellt (vgl. 196 f. und 311) und den Kantischen Ansatz als von der konkreten Wirklichkeit losgelöst charakterisiert: »Von Kant stammt der Gedanke, die erste moralische Forderung sei die Autonomie des Individuums, ohne Rücksicht auf ihre Eingliederung in geschichtliche Formationen, die ihr eine gesellschaftliche oder politische Dimension geben könnten.«[6]

2. Die Hermeneutik des Selbst in *Wege der Anerkennung*

Bekanntlich legt Ricœur in *Das Selbst als ein Anderer* eine breit angelegte Hermeneutik des Selbst vor, in der gezeigt wird, auf welche Weise ein selbstbezügliches Subjekt auf dem Umweg über symbolische Vermittlungen mit bestimmten Eigentümlichkeiten seiner selbst vertraut ist. Es läßt sich mühelos eine Verbindung zwischen dieser Thematik und dem zweiten Abschnitt von *Wege der Anerkennung* herstellen, der ja die Überschrift »Sich selbst erkennen« trägt. Vor diesem Hintergrund überrascht es nicht weiter, daß Ricœur im zweiten Kapitel des Abschnitts eine »Phänomenologie der menschlichen Fähigkeiten« präsentiert, welche genau die in *Das Selbst als ein Anderer* beschriebenen Eigentümlichkeiten erneut zur Sprache bringt. Es handelt sich um die Fähigkeit des Menschen zu sprechen, zu handeln, zu erzählen sowie sich – im Sinne der Verantwortlichkeit – seine Handlungen zuzuschreiben. Um die Besonderheit des kognitiven Zugangs zu den genannten Fähigkeiten zu charakterisieren, hebt Ricœur hervor, daß in diesem Zusammenhang verschiedene Bedeutungen von *reconnaissance* zusammentreffen: »Das Sich-Erkennen wiederum gehört einem semantischen Feld an, in dem es mit der *reconnaissance* als Identifizieren und der *reconnaissance* als Anerkennung in Beziehung steht. Die beiden semantischen Felder von Sich-Bezeugen und Sich-Erkennen, die sich in der Gewißheit und Vergewisserung des ›ich kann‹ überschneiden, tragen je ihre eigene Harmonik bei und bereichern und vertiefen auf diese Weise das, was ich *reconnaissance* als Bezeugen zu nennen vorschlage« (124). Ferner kommt es Ricœur darauf an, daß in den vier genannten Bereichen – Sprechen, Handeln, Erzählen, Zurechnen – eine Dialektik von Identität und Alterität am Werk ist, und zwar insofern, als sich das Sprechen an einen anderen richtet, das Handeln mit dem anderer verflochten ist, das Erzählen sich mit dem anderer vermischt und schließlich die Zurechenbarkeit »ihr Anderes unter den tatsächlichen oder potentiellen Opfern gewalttätigen Handelns« findet (142). Zwar geht Ricœur unter dem Aspekt der Zurechenbarkeit nur marginal auf Kant ein, doch ist es genau dieser Kontext, in den er in *Das Selbst als ein Anderer* seine Kritik an dessen Ethik anbringt.

3. Die Stellung der Ethik in *Das Selbst als ein Anderer*

Ricœur gliedert sein Buch in zehn Abhandlungen. Darin verfolgt er vor allem das Anliegen, drei Eigentümlichkeiten des Subjekts hervorzuheben. Dies sind: 1) die Tatsache, daß es sich nicht unmittelbar setzt oder durchsichtig macht, sondern lediglich auf dem Umweg über zahlreiche Vermittlungen seiner selbst inne wird; 2) der Gegensatz zwischen zwei verschiedenen Weisen seiner Identität, der Selbigkeit *(mêmeté)* und der Selbstheit *(ipséité)*, wobei die Erstere darin besteht, daß das Subjekt im Wechsel der Zeit eines und dasselbe bleibt, und die letztere darin, daß es sich zu sich selbst verhält; 3) seine Beziehung zu einem Anderen.

Auf den ersten Blick scheint es, als beschäftige sich der Philosoph in den Abhandlungen I bis IV mit der ersten, in den Abhandlungen V und VI mit der zweiten und in den Abhandlungen VII bis IX mit der dritten Thematik, um schließlich in der Abhandlung X die ontologischen Konsequenzen zu erläutern, welche sich aus dem Vorherigen ergeben. Zusätzlich zu dieser Einteilung nennt Ricœur noch eine andere. Er drückt sie in vier Fragen aus: 1) Wer spricht? (Abhandlung I und II)? 2) Wer handelt (Abhandlung III und IV)? Wer erzählt von sich (Abhandlung V und VI)? Und wer ist das Subjekt der moralischen Zurechnung (Abhandlung VII, VIII und IX)? Darauf sollen vier Disziplinen antworten: die Sprachphilosophie (genauer gesagt: Semantik und Pragmatik), die Handlungstheorie, die Theorie der Erzählung sowie – nicht zuletzt – die Ethik. Man kann also sagen, daß der Philosoph seine Ethik in den Abhandlungen VII bis IX entfaltet, und daß er gerade dort das Verhältnis des Subjekts zu seinem Anderen zu klären versucht.

Es fällt auf, daß die erwähnten Themen beziehungsweise die

Disziplinen, von denen sie untersucht werden, eng miteinander zusammenhängen. Zunächst ist zu registrieren, daß die früheren Abhandlungen in gewisser Hinsicht die Voraussetzungen der späteren klären. So liegen die semantischen und pragmatischen Überlegungen der beiden ersten Abhandlungen insofern der in der dritten und vierten diskutierten Handlungstheorie zugrunde, als sie darlegen, wie ein Subjekt – und damit auch ein handelndes – überhaupt erst bezeichnet wird, und die Theorie der Erzählung baut insofern auf der Handlungstheorie auf, als diese mit der Handlung die kleinste Einheit beschreibt, welche eine Erzählung denotiert. Was hingegen die Ethik betrifft, so ist sie – zumindest nach der von Ricœur vertretenen Auffassung – darauf angewiesen, daß die Erzählung einzelne Handlungen zu größeren Einheiten wie denen einer Praxis oder des Gesamts eines Lebens zusammenfügt. Umgekehrt aber enthalten die früheren Abschnitte des Werks auch Gesichtspunkte, die erst in den späteren umfassender erläutert werden: Die Sprechakte, in denen sich das Subjekt kundtut, sind bereits Handlungen. Die Handlungen, welche es vollzieht, sind bereits Gegenstand einer Erzählung, in der sie sich zu Praktiken oder dem Zusammenhang eines Lebens verbinden. Und die Erzählung weist angeblich schon so etwas wie eine ethische Dimension auf. Demnach schreitet die Untersuchung von abstrakteren Phänomenen zu konkreteren voran, und zwar dergestalt, daß das Verständnis der ersteren durch jenes der letzteren bereichert und vertieft wird. Besonders deutlich wird das anhand der Ethik. Diese antwortet nämlich auf die Frage nach dem sprechenden und dem handelnden Subjekt, dieses sei zugleich eines der moralischen Zurechnung; sie antwortet auf die Frage nach dem Gegensatz zwischen der Selbigkeit und der Selbstheit des Subjekts, dessen Verhältnis zu seinen – vergangenen, gegenwärtigen oder zukünftigen – Handlungen sei von Verantwortlichkeit geprägt; und sie antwortet auf die Frage nach der Beziehung des Subjekts zum Anderen, sie laufe darauf hinaus, daß eine wechselseitige Anerkennung stattfinde. Es kann mithin resümiert werden, daß die Ethik, die Ricœur entwickelt, dem Buch keineswegs äußerlich ist, sondern sich gleichsam organisch darin einfügt, um es schließlich zu vollenden.

Wendet man sich jenen drei Abhandlungen zu, in deren Mittelpunkt die Ethik steht, so stößt man darauf, daß sie von einer Dichotomie beherrscht werden. Um diese zu begreifen, muß man sich zunächst vergegenwärtigen, daß Ricœur den Ausdruck »Ethik« in zwei verschiedenen Bedeutungen gebraucht. Zum einen bezeichnet er damit das Gesamt der in den Abhandlungen VII, VIII und IX vorgetragenen Überlegungen, und zum andern differenziert er zwischen zwei Typen von Ansätzen, die sich mit der fraglichen Thematik befassen, wobei er den einen »Ethik« und den anderen »Moral« nennt. Wie der Philosoph selbst erläutert, handelt es sich um eine mehr oder weniger willkürliche terminologische Festlegung. Worauf aber zielt diese ab? Ricœur bringt auf diese Weise zwei bedeutende Traditionen der praktischen Philosophie ins Spiel. Für die eine – die ethische – steht Aristoteles, für die andere – die moralische – Kant. Die entscheidende Differenz zwischen Aristoteles und Kant erblickt Ricœur darin, dass ersterer teleologisch, letzterer hingegen deontologisch verfährt. Mit anderen Worten: Während Aristoteles menschliches Handeln danach beurteilt, ob es sich am Ziel des guten Lebens beziehungsweise der Eudämonie ausrichtet, beurteilt es Kant danach, ob es der allgemeinen, autonom gesetzten Norm des kategorischen Imperativs gemäß ist. Darüber hinaus kennzeichnet Ricœur den Unterschied durch die Gegensatzpaare »gut« / »obligatorisch« und »material« / »formal«.

Wirft man einen Blick auf die Gliederung, so entdeckt man, daß Ricœur zweimal in drei Schritten vorgeht, von Abhandlung zu Abhandlung sowie in jeder einzelnen von ihnen. Stellt er in Abhandlung VII den teleologischen Ansatz vor, so untersucht er in Abhandlung VIII den deontologischen, um dann in Abhandlung IX beide aneinander zu korrigieren. Er merkt dazu an: »Ohne Sorge um eine Aristotelische oder Kantische Orthodoxie, mit großer Aufmerksamkeit aber für die diesen beiden Traditionen zugrundeliegenden Texte, wollen wir folgendes nachweisen: 1) daß die Ethik gegenüber der Moral den Vorrang genießt;

2) daß die ethische Ausrichtung notwendig durch das Normen-raster hindurch muß; 3) daß der Rekurs der Norm auf die Aus-richtung dann legitim ist, wenn die Norm in praktische Sack-gassen führt.«[7] Aber auch innerhalb der Abhandlungen ist eine dreigliedrige Struktur zu erkennen. Sie besteht darin, daß Ricœur zunächst auf das Subjekt, sodann auf dessen Verhältnis zum Anderen und schließlich auf jenes zur Gemeinschaft ein-geht.[8] Im Rahmen seiner Ausführungen zum deontologischen Ansatz erläutert der französische Philosoph die beiden ersten Aspekte anhand von Kant und den letzten anhand von John Rawls, der nicht Gegenstand des vorliegenden Beitrags ist und deshalb im folgenden vernachlässigt werden kann.[9]

4. Zur Kritik der kantischen Ethik in
Das Selbst als ein Anderer

Wie bereits angedeutet wurde, ist Ricœur überzeugt, daß der teleologische Ansatz gegenüber dem deontologischen den Vor-rang einnimmt. Genau dies will er in der siebten Abhandlung nachweisen: »Die vorliegende Abhandlung wird sich darauf be-schränken, den Primat der Ethik gegenüber der Moral […] zu begründen.«[10] Vergegenwärtigt man sich, daß das Telos des gu-ten Lebens, nach dem sich das menschliche Handeln orientiert, nicht nur das Subjekt selbst, sondern auch sein Verhältnis zum Anderen sowie zur Gemeinschaft betrifft, so erstaunt es nicht, daß der französische Philosoph das, was er als »ethische Aus-richtung« *(visée éthique)* bezeichnet, entsprechend weit de-finiert: »›Ethische Ausrichtung‹ wollen wir die *Ausrichtung auf das ›gute Leben‹ mit Anderen und für sie in gerechten Institu-tionen* nennen.«[11]

Ricœur hebt hervor, daß bei Aristoteles ein enger Zusam-menhang zwischen dem Ziel des guten Lebens und der Praxis besteht. Dabei komme der praktischen Einsicht beziehungsweise Phronesis die Aufgabe zu, das Leben insgesamt zu leiten. Sie erfülle diese, indem sie die Handlungen und Praktiken am

Lebensplan beziehungsweise am Telos des guten Lebens messe. Freilich betont Ricœur, daß das Verhältnis zwischen Handlung beziehungsweise Praxis einerseits und Lebensplan anderseits ein zirkelhaftes ist. Erstere ließen sich nämlich ebenso von letzterem her verstehen, wie das umgekehrt zutreffe. Natürlich liege dieser Zirkel auch dem Selbstverständnis des Subjekts zugrunde, das – ethisch gesehen – in eine mannigfaltigen Korrekturen unterworfene Selbstschätzung *(estime de soi)* münde. Um hervorzuheben, daß die Interpretationen des Subjekts jeweils durch andere in Frage gestellt werden, spricht Ricœur geradezu von einem »Konflikt der Interpretationen«.[12]

Anschließend versucht er darzulegen, daß das Subjekt das Ziel des guten Lebens nur in seinem Verhältnis zum Anderen erreichen kann beziehungsweise daß seine Selbstschätzung wesentlich von der Fürsorge *(sollicitude)* abhängt, in welcher es sich diesem zuwendet. Aufgrund des Gewichts, welches dem Subjekt von Anfang an beigemessen wird, könnte man meinen, es behalte dem Anderen gegenüber letztlich doch die Oberhand. Ricœur stützt sich vor allem auf das VIII. und IX. Buch der *Nikomachischen Ethik*, um diesen Verdacht zu zerstreuen. Dort unterscheide Aristoteles zwischen drei Arten von Freundschaft, und zwar danach, ob sie vom Angenehmen, vom Nützlichen oder vom Guten bestimmt werde. Letztere zeichne sich dadurch aus, daß der Freund um einer Eigenschaft willen geliebt werde, die man an ihm – ebenso wie an sich selbst – schätze, ohne dem Egoismus zu verfallen. Diese Art von Freundschaft sei mithin eine Beziehung, die ganz von Gegenseitigkeit geprägt werde. Das Subjekt schätze also den Anderen wie sich selbst und sich selbst wie den Anderen: »So werden die Schätzung des *Anderen als eines Sich-selbst und die Schätzung seiner selbst als eines Anderen* von Grund auf gleichwertig.«[13]

Zuletzt erläutert Ricœur, daß das Telos des guten Lebens auch das Verhältnis zu jenem Anderen berührt, dem man nicht von Angesicht zu Angesicht gegenübersteht, also zu jedermann *(chacun)*. Dieses sei von gerechten Institutionen zu regeln, die ihrerseits Gleichheit voraussetzten. Nun ist Ricœur überzeugt, daß beides – Institutionen wie Gerechtigkeit – weniger im Bereich der Macht als in dem der Ethik wurzeln. Er erklärt zunächst, eine Institution sei eine »Struktur des *Zusammenlebens* einer geschichtlichen Gemeinschaft«.[14] Als solche gründe sie aber nicht im Zwang einer Norm, sondern in der gemeinsamen Macht *(pouvoir-en-commun)* der interagierenden Menschen. Aber auch die Gerechtigkeit lasse sich nicht auf den Zwang einer Norm reduzieren. Davon zeuge zum einen, daß sie auf einen mythischen Ursprung zurückweise, und zum andern, daß es einen – jeglicher Kodifizierung vorgängigen – Gerechtigkeitssinn *(sens de justice)* gebe. Aufgabe der Institution sei es, die Wiedervergeltung sowie die Verteilung von Gütern und Übeln nach dem Grundsatz der Gleichheit zu regeln. Daher könnte man sagen, der Gerechtigkeitssinn beziehungsweise der Sinn für Gleichheit spiele für die Beziehung des Subjekts zur Gemeinschaft eine ähnliche Rolle wie die Fürsorge für jene zum Anderen.

Anders als in der siebten Abhandlung geht es Ricœur in der achten darum, die ethische Ausrichtung *(visée éthique)* der moralischen Norm zu unterwerfen. Dies bedeutet für ihn, daß nach formalen Prinzipien zu suchen ist, mit deren Hilfe sich allgemeingültige Regeln für das menschliche Handeln aufstellen lassen. Dabei verfährt der Philosoph wiederum so, daß er über das Subjekt und dessen Verhältnis zum Anderen zu jenem, welches es zur Gemeinschaft einnimmt, voranschreitet. Gelangt das Subjekt, indem es das Ziel des guten Lebens realisiert, zu einer Selbstschätzung *(estime de soi)*, so entspricht dem – auf dem Gebiet der Moral – die Selbstachtung *(respect de soi)*, die zugleich Achtung vor dem oder den Anderen beinhaltet: »Die Selbstachtung besitzt die gleiche komplexe Struktur wie die Selbstschätzung. Die Selbstachtung ist die Selbstschätzung unter der Herrschaft des moralischen Gesetzes.«[15]

Ricœur legt den deontologischen Ansatz, sofern er das Subjekt und dessen Verhältnis zum Anderen betrifft, anhand der Position dar, die Kant in der *Grundlegung zur Metaphysik der Sitten* sowie der *Kritik der praktischen Vernunft* einnimmt.[16] Er

nennt drei Merkmale, durch die sich der Königsberger Denker
von Aristoteles unterscheidet: die strenge Notwendigkeit des
Maßstabes, an dem Handlungsweisen gemessen werden, die
Verpflichtung beziehungsweise den Zwang, welchen er dem
Menschen auferlegt, sowie die Autonomie, der er sich verdankt.
Während sich die Allgemeingültigkeit darin niederschlage, daß
Maximen, die auf einem empirischen Bestimmungsgrund auf-
bauten, zurückgewiesen würden, besage der Begriff der Pflicht,
daß der kategorische Imperativ auf ein endliches Wesen treffe,
gegen dessen Neigungen er durchgesetzt werden müsse. Was
jedoch die Autonomie anbelange, so bestehe sie darin, daß sich
das Subjekt das Sittengesetz selbst gebe und sich deshalb, wenn
es ihm Folge leiste, selbst gehorche. Nun glaubt Ricœur allerdings, daß sich bei Kant drei »Orte virtueller Aporie«[17] abzeich-
nen: 1) Stufe der Königsberger Denker das Bewusstsein des Sit-
tengesetzes als Faktum der Vernunft ein, so dränge sich der
Verdacht auf, es entspringe vielleicht doch keiner Selbstsetzung.
2) Indem er die Achtung vor dem Gesetz zu einer Triebfeder des
Willens erkläre, greife er auf eine Art von Selbstschätzung
(estime de soi) zurück und schränke die Autonomie ein. 3) Mit
dem radikalen Bösen nehme er einen Hang an, der ebenfalls der
Autonomie abträglich sei, und dadurch, daß er die Religion mit
der Aufgabe betraue, die Anlage zum Guten wiederherzustellen,
verleihe er dem Gegensatz zwischen Gut und Böse einen Rang,
der ihm allenfalls in einem teleologischen, nicht aber in einem
deontologischen Ansatz zukomme.

Aber Ricœur geht auch auf die Rolle ein, welche Kant dem
Anderen zuteilt. Er will dabei zeigen, daß sich die Fürsorge für
den Anderen moralisch als Achtung vor ihm darbietet und daß
letztere dem kategorischen Imperativ nicht äußerlich ist, sondern ihm von Anfang an innewohnt. Ricœur behauptet zunächst, daß das Sittengesetz auf einer Formalisierung der
Goldenen Regel beruht.[18] Diese diene ihrerseits dazu, die Wechselseitigkeit der Beziehung des Subjekts zum Anderen sicher-
zustellen, indem sie Handlungsweisen untersage, welche sie be-
einträchtigten. Nun setze dies voraus, daß sich die Subjekte

ursprünglich in wechselseitiger Fürsorge gegenüberstünden. Es liegt auf der Hand, daß Ricœur darin ein zusätzliches Anzeichen für eine Fundierung der Moral in der Ethik erblickt.

Ricœur ist nicht nur der Auffassung, daß die Moral ihr Fundament in der Ethik hat, sondern er behauptet darüber hinaus, daß es eine Reihe von Konflikten gibt, in denen sie gezwungen ist, auf letztere zu rekurrieren. Trotzdem stuft er den deontologischen Ansatz nicht als überflüssig ein, denn immerhin bewahre er den teleologischen davor, das Ziel des guten Lebens beliebig oder willkürlich zu definieren. Was er allerdings ablehnt, ist der von Hegel unternommene Versuch, die subjektive und die objektive Seite des Problems beziehungsweise Ethik und Moral in einer ihnen übergeordneten Sittlichkeit zu versöhnen. Entscheidend ist in diesem Zusammenhang, daß er dessen Philosophie des Geistes – insbesondere wegen ihrer totalisierenden Tendenzen – ablehnt.

Wie schon angedeutet wurde, geht Ricœur in der neunten Abhandlung anders vor als in der siebten und achten, d. h. er beginnt mit der Gemeinschaft, fährt mit dem Anderen fort und schließt mit dem Subjekt. Da er den Bereich der Gemeinschaft beziehungsweise der Institutionen im Ausgang von Rawls und nicht von Kant beschreibt, kann derselbe in diesem Zusammenhang vernachlässigt werden. Was hingegen die Ebene des Anderen betrifft, so entstehen dort Konflikte zwischen der Allgemeingültigkeit von Gesetzen und der Achtung vor dem Anderen. Ricœur wirft Kant vor, er prüfe lediglich, ob sich eine Maxime selbst widerspreche, sehe aber darüber hinweg, daß ihre Erfüllung auch den Anderen involviere. So sei es nicht nur verboten, ein falsches Versprechen zu geben, weil das zu einem Widerspruch führe, sondern auch deshalb, weil es den Anderen in seinem Anspruch verletze. Nun argumentiert Ricœur, gelegentlich brauchten auch Maximen, die sich widerspruchsfrei verallgemeinern ließen, aus Achtung vor dem Anderen nicht befolgt zu werden. Zwar sei es *prima facie* geboten, nicht zu lügen, doch gegenüber einem Sterbenden erhebe sich unter Umständen die Frage, ob es nicht vorzuziehen sei, ihn nicht wahrheitsgemäß über seinen Zustand zu unterrichten, um ihm Leid zu ersparen. Allerdings könne man daraus nicht die Regel ableiten, man solle Sterbende belügen, sondern man müsse von Fall zu Fall abwägen, was am besten sei. Dies aber bedeute, daß es wiederum auf die praktische Einsicht beziehungsweise Phronesis ankomme.

Auf der Ebene des Subjekts treten schließlich Konflikte zwischen zwei Positionen auf, die man als Universalismus und als Kontextualismus charakterisieren könnte. Ricœur glaubt, daß die Annahme eines autonomen Subjekts, das sich seine Normen durch ein ausschließlich formales Verfahren gibt, in dreifacher Hinsicht revidiert werden muß. Erstens gründe die Autonomie, von der Kant spreche, keineswegs in einer Selbstsetzung, so daß das Subjekt nicht selbstgenügsam *(autosuffisant)* sei. Das zeige sich zum einen daran, daß es sich in ursprünglicher Weise auf den Anderen und die Gemeinschaft beziehe, und zum andern daran, daß es in sich selbst mit dem Gesetz, der Achtung vor ihm und dem radikalen Bösen gewissermaßen auf sein eigenes Anderes stoße. Zweitens wirft Ricœur dem Königsberger Denker vor, der kategorische Imperativ allein reiche nicht aus, um ein tragfähiges System von Normen zu errichten. Dazu müsse man zusätzliche, inhaltliche Prämissen einführen, welche es zum Beispiel gestatteten, zwischen Mord und Notwehr zu differenzieren oder in Fällen, in denen zwei nicht zugleich realisierbare Gebote aufeinanderträfen, eine Entscheidung herbeizuführen. Drittens setzt sich Ricœur mit der von Karl-Otto Apel und Jürgen Habermas entwickelten Diskursethik auseinander. Er unterscheidet zwischen zwei Aspekten des Ansatzes, dem der Rechtfertigung und dem der Verwirklichung, wobei ersterer den letzteren zu verdecken drohe. Einerseits hält der Philosoph der Diskursethik zugute, daß sie sich – vom Anliegen der Universalität getragen – um eine argumentative Rechtfertigung von Normen bemüht und daß es ihr gelingt, die moralische Skepsis abzuwehren, anderseits moniert er, daß sie die historischen und kulturellen Kontexte vernachlässigt, in denen über Normen verhandelt wird. Diese führten nicht zuletzt dazu, daß die Güter, die es zu verteilen gelte, von den Menschen unterschiedlich bewertet würden. Allerdings hütet sich Ricœur, die Differenz nur um der Differenz willen zuzulassen. Was er vorschlägt, ist vielmehr eine wechselseitige Korrektur von Universalismus und Kontextualismus: »Es gilt, den Antagonismus von Argumentation und Konvention in Frage zu stellen und ihn durch eine feine Dialektik von Argumentation und Überzeugung zu ersetzen, die keinen theoretischen, sondern nur den praktischen Ausweg eines Schiedsspruchs des moralischen Situationsurteils zuläßt.«[19] Das heißt für Ricœur, daß eine Argumentation nicht umhin kann, bei Überzeugungen anzusetzen, die sie überprüft oder sogar ändert, ohne sich gänzlich über den Zusammenhang, dem sie angehören, erheben zu können. Damit hat die praktische Einsicht beziehungsweise Phronesis erneut das letzte Wort, doch sie tritt nicht mehr als naive, sondern als – durch die Norm sowie die von ihr erzeugten Konflikte – geläuterte, gleichsam reflektierte Phronesis auf.

5. Desiderate

Betrachtet man die Einwände, die Ricœur gegen Kants Ethik formuliert, so entdeckt man, daß sie in zwei Richtungen zielen. Auf der Ebene des Subjekts laufen sie darauf hinaus, daß dieses nicht wirklich autonom ist, sondern sich insofern als endlich erweist, als es teleologischen Vorgaben wie dem Sittengesetz als Faktum der Vernunft, der Achtung vor dem Gesetz als Triebfeder des Willens sowie dem radikalen Bösen unterworfen ist. Was hingegen die Ebene des Anderen betrifft, so betont Ricœur, daß sie letztlich von der Achtung vor dem Anderen gekennzeichnet sei, die keineswegs einem formalen Verfahren entspringe, sondern den Rang einer inhaltlichen Vorgabe einnehme. Unabhängig davon, wie er das Verhältnis der Achtung vor dem Anderen zur Goldenen Regel oder zur Fürsorge deuten mag, drängt sich der Eindruck auf, daß sich die Achtung vor dem Anderen in exemplarischer Weise in der zweiten Fassung des kategorischen

Imperativs zum Ausdruck bringt, die sich – anders als Kant suggeriert – nicht ohne Weiteres aus der ersten ableiten läßt. Sie lautet: »Handle so, daß du die Menschheit, sowohl in deiner Person, als in der Person eines jeden anderen, jederzeit zugleich als Zweck, niemals bloß als Mittel brauchest.«[20] Damit betrachtet der Königsberger Denker den Menschen als ein Wesen, das – an reiner praktischer Vernunft partizipierend – einen Zweck an sich selbst darstellt und sich durch Würde auszeichnet. Kant stellt dazu fest: »Im Reich der Zwecke hat alles entweder einen *Preis*, oder eine *Würde*. Was einen Preis hat, an dessen Stelle kann auch etwas anderes, als Äquivalent, gesetzt werden; was dagegen über allen Preis erhaben ist, mithin kein Äquivalent verstattet, das hat eine Würde.«[21]

Vor diesem Hintergrund könnte man sagen, daß die Achtung vor dem Anderen beinhaltet, diesen als ein Wesen anzuerkennen, das eine Würde besitzt und dem entsprechend zu begegnen ist.

Damit aber nimmt der Begriff der Anerkennung im Kontext der Diskussion der Kantischen Ethik anscheinend eine Bedeutung an, die nicht im zweiten, sondern erst im dritten Abschnitt von *Parcours de la reconnaissance* thematisiert wird. Warum aber Ricœur den Zusammenhang zwischen der Achtung vor dem Anderen und der Anerkennung desselben in diesem Werk vernachlässigt und ob dieselbe unter den Begriff einer »wechselseitigen Anerkennung« fällt oder eher eine Vorstufe derselben ausmacht, dies genauer zu untersuchen, muß einstweilen Desiderat bleiben. Daß im Verhältnis des Selbst zum Anderen sowie zur Gemeinschaft tatsächlich Anerkennung stattfindet, ist dem französischen Philosophen keineswegs entgangen. So stellt er am Ende der neunten Abhandlung *expressis verbis* fest: »Die Anerkennung ist eine Struktur des Selbst, das die Bewegung reflektiert, welche die Selbstschätzung zur Fürsorge und diese zur Gerechtigkeit führt. Die Anerkennung führt die Dyade und die Pluralität in die Konstitution des Selbst selber ein. Indem sich die Gegenseitigkeit der Freundschaft und die proportionale Gleichheit der Gerechtigkeit im Selbstbewußtsein widerspiegeln, machen sie die Selbstschätzung selber zu einer Gestalt der Anerkennung.«[22]

Anmerkungen

[1] B. Liebsch, »Paul Ricœur: *Wege der Anerkennung. Erkennen, Wiedererkennen, Anerkanntsein* – Paul Ricœur: *Vom Text zur Person. Hermeneutische Aufsätze (1970–1999)*«, in: *Zeitschrift für philosophische Forschung* 60,4 (2006) 609.

[2] L. Siep, »Der lange Weg der Anerkennung«, in: *Deutsche Zeitschrift für Philosophie* 55 (2007) 1000.

[3] P. Ricœur, *Das Selbst als ein Anderer*, München 1996 (frz.: *Soi-même comme un autre*, Paris 1990).

[4] I. Kant, *Kritik der reinen Vernunft*, in: *Werkausgabe*, Band III, Frankfurt 1969, A 99.

[5] Ebd., A 103.

[6] P. Ricœur, *Das Selbst als ein Anderer*, 211; vgl. auch 248 f.

[7] Ebd., 208.

[8] Freilich wird diese Reihenfolge in Abhandlung IX umgekehrt.

[9] Zu Ricœurs Auseinandersetzung mit Rawls vgl. P. Welsen: »Principes de justice et sens de justice. Ricœur critique du formalisme rawlsien«, in: *Revue de Métaphysique et de Morale* 111,2 (2006) 217–228.

[10] P. Ricœur, *Das Selbst als ein Anderer*, 210.

[11] Ebd.

[12] Ebd., 219. Damit spielt der Philosoph auf sein Werk *Le conflit des interprétations* an: P. Ricœur, *Le conflit des interprétations*, Paris 1969.

[13] P. Ricœur, *Das Selbst als ein Anderer*, 235 f.

[14] Ebd.

[15] Ebd., 236.

[16] Wie bereits angedeutet wurde, diskutiert Ricœur die Ebene der Gemeinschaft beziehungsweise der Institutionen anhand des von Rawls in *Eine Theorie der Gerechtigkeit* entwickelten Ansatzes.

[17] Ebd., 257.

[18] Vgl. auch P. Ricœur, »Entre philosophie et théologie: la Règle d'Or en question«, in: *Revue d'histoire et de philosophie religieuses*, 69,1 (1989) 3 ff.

[19] P. Ricœur, *Das Selbst als ein Anderer*, 357.

[20] I. Kant, *Grundlegung zur Metaphysik der Sitten*, in: *Werkausgabe*, Band VII, Frankfurt 1968, BA 66 f.

[21] Ebd., BA 77.

[22] P. Ricœur, *Das Selbst als ein Anderer*, 358.

Wege des Anerkennens

Philosophische Einblicke und bibelhermeneutische Ausblicke

Jean Greisch

Mein Beitrag wird eine etwas ungewöhnliche Form annehmen. Es handelt sich um einen Versuch, einige bibelhermeneutische Implikationen der Wege des Anerkennens zu erörtern, die Ricœur in seinem letzten Buch beschritten hat, das man in der Sprache der Winzer als seine »Spätlese« bezeichnen könnte.

I. *Wege der Anerkennung:* eine semantisch-hermeneutische Vorbetrachtung

Im Französischen hat das Verbum »Anerkennen« (reconnaître) etwa zwanzig verschiedene Bedeutungen, die man in begrifflicher Hinsicht auf drei oder vier Hauptgruppen verteilen kann.

In der ersten Grundbedeutung sind »Erkennen« (connaître) und »Wiedererkennen« (reconnaître) noch nicht deutlich voneinander unterschieden. Manchmal machen wir die bestürzende Erfahrung, dass wir jemand, den wir aus den Augen verloren haben, nicht mehr wiedererkennen, weil er für uns »unkenntlich« geworden ist.

Das »Bekannte« sagt Hegel, ist noch nicht das »Erkannte«.[1] Wen aus unserem zahlreichen, heute manchmal über *Facebook* künstlich erweiterten Bekanntenkreis haben wir wirklich »erkannt«, sodass wir mit einiger Sicherheit behaupten können, dass wir wissen, mit wem wir es zu tun haben?

Die zweite Grundbedeutung des Verbums »Anerkennen«, mit der ich mich hier besonders beschäftigen werde, bezieht sich auf das Problem der Selbstanerkennung und der Selbstannahme. Die mit dem Präfix »Selbst-« beginnenden Wort- und Begriffsbildungen sind nicht weniger zahlreich und vielfältig wie die zwanzig Bedeutungen des französischen Verbums »reconnaître«. Es genügt, die Termini »Selbsterkenntnis«, »Selbstsorge«, »Selbstbestimmung«, »Selbstschätzung«, »Selbstverwirklichung«, »Selbstverständnis« usw. anzuführen, um uns zu fragen, inwiefern der Ricœur'sche Begriff der Selbstanerkennung ein neues Licht auf dieses Begriffsfeld wirft.

Auch im Leben großer Heiliger und Mystiker, etwa Johannes vom Kreuz, Teresa von Avila, die kleine Therese von Lisieux oder Mutter Teresa aus Kalkutta, gibt es die dunklen, manchmal Jahre dauernden Nächte der Sinne und des Geistes, in denen sie weder wussten, wer sie waren, noch, mit welchem Gott sie es zu tun hatten.

Man glaubt fälschlicherweise, dass nichts uns leichter fällt, als die Selbstliebe. Wenn wir aber auf das wirkliche Leben der Menschen achten, dann zeigt sich, dass der Selbsthass genauso natürlich ist. Hierauf spielt der tiefgründige Satz in Georges Bernanos' *Tagebuch eines Landpfarrers* an, den Ricœur im Vorwort von *Das Selbst als ein Anderer* zitiert: »Il est plus facile que l'on croit de se haïr. La grâce est de s'oublier. Mais si tout orgueil était mort en nous, la grâce des grâces serait de s'aimer humblement soi-même, comme n'importe lequel des membres souffrants de Jésus-Christ.« (»Sich selbst zu hassen, ist leichter, als man glaubt. Die Gnade besteht darin, sich zu vergessen. Wenn aber jede Selbstüberheblichkeit in uns abgetötet wäre, bestünde die Gnade aller Gnaden darin, demütig sich selbst zu lieben, wie jedes andere der leidenden Glieder Jesu Christi.«)

Die Selbstannahme, beziehungsweise *Selbstanerkennung* ist in diesem Fall keine Selbstverständlichkeit mehr, sondern eine Aufgabe der Lebensbewältigung, die sich keinesfalls auf die eine oder andere Form der Nabelschau zurückführen lässt. Es geht nämlich um die schwierige Kunst der demütigen Anerkennung und Annahme unserer Fähigkeiten und unserer Grenzen.

»Je me suis reconnu poète« (»Ich habe mich selbst als Dichter anerkannt«), schreibt der Dichter Arthur Rimbaud am 13. Mai 1871 an seinen Verleger Georges Izambard. Anders gesagt: Ich habe meine Berufung als Dichter anerkannt, d. h. sie angenommen und wahrzunehmen versucht. Es ist kein Zufall, dass Ricœur gerade diesen Satz als Motto des zweiten Teils seiner *Wege der Anerkennung* ausgesucht hat. Was für den Dichter Rimbaud gilt, können wir auch auf den Philosophen Ricœur anwenden: Er hat sich als Philosoph anerkannt. Auch diese Arbeit der Selbstanerkennung versteht sich nicht von selbst. Sie muss erworben und bestanden werden.

Dies trifft auch auf die Glaubenswege des Anerkennens zu, die ihren Niederschlag in den Schriften des Alten und Neuen Testaments gefunden haben. Vielleicht lassen sich sämtliche Paulusbriefe in in drei knappen Sätzen zusammenfassen: »Ich habe mich als Jünger dessen anerkannt, der in meinem Leben lebendiger als ich selbst ist.« »Nicht ich lebe, sondern er lebt in mir.« »Gerade an meiner Schwäche hat sich die Stärke der Gnade Gottes erwiesen.«

Die dritte Grundbedeutung konfrontiert uns mit dem vielschichtigen Problem des gegenseitigen Sichanerkennens. Es gibt viele Formen der Anerkennung, angefangen vom schlichten Händedruck, die auf Gegenseitigkeit beruhen, auf die wir ein Wort Hegels anwenden können: »Sie *anerkennen* sich als gegenseitig sich *anerkennend*.«[2]

Dass diese Gegenseitigkeit keineswegs selbstverständlich ist, sondern manchmal auf der individuellen oder der kollektiven Ebene mühsam erkämpft werden muss, wissen wir nur zu gut. Freiheitskämpfe, etwa Kämpfe um Gleichberechtigung sind immer auch Kämpfe um Anerkennung.

Es gibt Menschen, die schwer darunter leiden, und manchmal sogar daran zugrunde gehen, dass sie das Gefühl haben, die ihnen geschuldete Anerkennung würde ihnen niemals gewährt. Dies gilt nicht nur für unsere Familiengeschichten, sondern auch für die Familiengeschichten der Bibel, wie ein Blick auf die Vätergeschichten der Genesis zeigt. Gerade deshalb ist es so wichtig, dass wir uns auch auf die beglückenden Erfahrungen besinnen, in denen das »kleine Wunder des Anerkennens« oder des gegenseitigen Angenommenwerdens manchmal unter sehr schweren Umständen zustande gekommen ist.

Beruhen aber alle Formen der Anerkennung auf Gegenseitigkeit? Neben dem kleinen Wunder des gegenseitigen Anerkennens gibt es das große Wunder der Dankbarkeit, das sich auf den Akt des Schenkens und die Erfahrung des Beschenktwerdens bezieht. Dieses Wunder wird noch wunderbarer, wenn der Schenker im Geschenk etwas von sich selbst verschenkt, anstatt dass er in einer falsch verstandenen Großzügigkeit den Eindruck vermittelt: Ich schenke Dir das, weil ich es mir leisten kann und weil es mich nicht viel kostet. Vergiftete Geschenke, die den Beschenkten demütigen, anstatt ihn zu beglücken, gibt es in Hülle und Fülle. Es gibt keine neutralen, ganz und gar unschuldigen Geschenke. Geschenke sind immer bedeutungsschwer und manchmal sogar bedeutungsüberfrachtet. Wie Marcel Hénaff in seinem Buch *Der Preis der Wahrheit* nachgewiesen hat, geht im Gestus des Schenkens auch der Schenker ein Risiko ein, insofern sein Geschenk zugleich ein Stück Selbstmitteilung ist.[3]

So gibt es auch falsche Vorstellungen der göttlichen Großzügigkeit, die nichts mit der uns in Jesus Christus zuteilgewordenen Gnade Gottes zu tun haben. Jesus Christus, das Geschenk Gottes an die Menschen, ist der fleischgewordene Beweis dafür, dass dieser Satz nicht nur auf die zwischenmenschlichen Beziehungen, sondern auch auf die Beziehung zwischen Gott und Mensch zutrifft.

Zum Schluss dieser einleitenden Bemerkungen erwähne ich noch eine vierte Bedeutung des Verbums »reconnaître«, der Ricœur zwar keine eigene Betrachtung gewidmet hat, über die wir uns aber während einer unserer letzten Begegnungen kurz vor seinem Tod unterhalten haben. Im Französischen kann das Verbum »reconnaître« auch die Erkundung eines schwierigen, unübersichtlichen oder gefährlichen, mehr oder weniger »unheimlichen« Geländes bezeichnen. Dies scheint eine Sonderaufgabe der Kundschafter oder der Spione, die aus der Kälte kommen oder in die Kälte gehen, zu sein. Aber gibt es nicht auch im Leben jedes Menschen Stunden oder Augenblicke, in denen wir uns urplötzlich – etwa wenn wir mit der Erfahrung einer schweren Krankheit oder des Verlustes eines geliebten Menschen konfrontiert sind –, auf einem unwegsamen und unübersichtlichen Gelände befinden? Wenn ein von der Alzheimer-Krankheit befallener Mensch sich nicht mehr in seiner Umgebung zurechtfindet, und sich gleichsam nicht mehr selbst wiedererkennt, dann ist dies nicht nur für ihn selbst, sondern auch für die ihm Nahestehenden eine überaus beklemmende Erfahrung.

Diese Erfahrung der Orientierungslosigkeit lässt sich auch ins Geistige übertragen. Im Menschenleben gibt es öfters Situationen in denen man sich nicht mehr ein- und auskennt und sich verloren glaubt. In solchen Augenblicken bedürfen wir eines Erkennens, das nicht auf ein in Reiseführern, seien diese auch geistiger Art, enthaltenes Wissen zurückführen lässt. Jemand muss uns bei der Hand nehmen und uns den rechten Weg weisen. Solche Menschen können wir als »Pfadfinder« bezeichnen, auch wenn sie Robert Baden-Powell keinen Fahneneid geleistet haben.

Mindestens in unseren Alltagsreisen bleibt uns die Erfahrung der »Orientierungslosigkeit« erspart. Seitdem wir uns nur auf gut beschilderten Straßen oder Autobahnen fortbewegen, und uns sogar auf unseren Spaziergängen der Hilfe eines »Global Positioning System« (GPS) bedienen, machen wir kaum noch die Erfahrung, dass einige Wege erst mühsam gebahnt werden müssen, und dass man dazu auf die Hilfe eines kompetenten Führers angewiesen ist.

Die Texte der Bibel entstanden zu einer Zeit, in der es wenige Straßen gab, wie wir sie heute kennen. Dort wo es sie gab, waren es Heerstraßen, auf denen das Fußvolk nichts zu suchen hatte. Wege gab es nur in Gegenden, in denen es fruchtbares Ackerland, Felder und Wiesen gab. Es waren »Feldwege«, wie der Feldweg in Messkirch, dem Martin Heidegger eine berühmte Betrachtung widmete. Hauptsächlich sind es aber Pfade gewesen, die nur durch wenige, manchmal schwer lesbare Wegzeichen markiert waren, und durch unwegsames Gelände führten.

Für die große Reise des Lebens gibt es immer noch keine narrensicheren Orientierungshilfen.

Hier geht es zunächst um die Vorstellung, die wir uns von menschlichen Lebenswegen machen. Es sind keine gradlinigen Heerstraßen oder Kurfürstendämme, auf denen man flaniert oder paradiert. Es sind im Gegenteil vielfach verschlungene Wege, Durststrecken, Wüstenwanderungen, die vielleicht ein Leben lang dauern, ohne dass das Verheißene Land zu Gesicht kommt, Sackgassen, aus denen man keinen Ausweg mehr findet, oder schwer zu nehmende Haarnadelkurven.

Ferner geht es um den Unterschied zwischen einem engen und einem weiten Begriff des Erkennens. Im ersten Fall kreist alles um die Frage »Was kann ich wissen?«, wobei alles sich in eine Frage des Wissens und der Gewissheit auflöst. Im zweiten Fall handelt es sich auch um eine Frage des Vertrauens, der Zuversicht und der Verlässlichkeit (»Was darf ich hoffen?«), die ihrerseits ein bestimmtes »Wissen« voraussetzt: Wissen, wer man ist, mit wem man es zu tun hat, worauf es eigentlich ankommt, was auf dem Spiel steht.

II. Zwischenbetrachtung: einige »Selbstanerkennungs-formeln« Ricœurs

Auch wenn Ricœurs »Wege des Anerkennens« seine »Spätlese« sind, haben wir gute Gründe uns zu fragen, ob die Rebstöcke, die diese Spätlese hervorgebracht haben, nicht tief im Erdreich seiner früheren Schriften verwurzelt sind. Zum Beleg führe ich ohne Anspruch auf irgendwelche Vollständigkeit, drei Texte an, die meines Erachtens aus der Sicht von Ricœurs später Hermeneutik des Anerkennens durchaus als »Selbstanerkennungsformeln« gelesen werden können.

Das erste Zitat entstammt der frühen, 1955 erschienenen Aufsatzsammlung *Histoire et vérité*. In einem wichtigen, in der Januar-Nummer der Zeitschrift *Esprit* im Jahre 1953 veröffentlichten Aufsatz »Travail et Parole« reagiert Ricœur auf die damals geläufige Kritik an den Philosophen, die die Welt nur interpretieren, anstatt sie zu verändern. Seine Stellungnahme nimmt

die Form eines grundsätzlichen philosophischen Glaubens-
bekenntnisses an: »Ich glaube an die Wirkmächtigkeit der Reflexion, denn ich glaube dass die Größe des Menschen auf der
Dialektik von Arbeit und Wort beruht: Sagen und Tun, Bedeuten und Handeln sind zu sehr miteinander verflochten, als dass
man einen dauerhaften und tiefen Gegensatz zwischen ›Theoria‹
und ›Praxis‹ errichten könnte. Das Wort ist mein Königreich
und ich schäme mich dessen nicht. Oder besser: Ich schäme mich
seiner nur insofern mein Wort an der Schuld einer ungerechten
Gesellschaft teilnimmt, welche die Arbeit ausbeutet. Ich schäme
mich seiner nicht ursprünglich, anders gesagt im Blick auf seine
Bestimmung. Als Akademiker glaube ich an die Wirkmächtigkeit der Sprache der Lehre; als Lehrer der Philosophiegeschichte
glaube ich an die erhellende Kraft, selbst für die Politik, eines
Wortes, das sich der Aufbereitung unseres philosophischen Gedächtnisses widmet; als Mitglied der Arbeitsgemeinschaft der
Zeitschrift Esprit glaube ich an die Wirkmächtigkeit eines Wortes, das die generativen Themen einer sich weiterentwickelnden
Zivilisation durchreflektiert; als Hörer der christlichen Verkün-
digung glaube ich, dass das Wort das ›Herz‹, anders gesagt die
lebendige Quelle unserer Bevorzugungen und auch die unserer
Stellungnahmen verwandeln kann.«[4]

Die zweite Selbstanerkennungsformel versteckt sich in einer
Fußnote des Vorworts von *Das Selbst als ein Anderer*. Es ist das
bereits erwähnte Bernanos-Zitat: »Il est plus facile que l'on croit
de se haïr. La grâce est de s'oublier. Mais si tout orgueil était
mort en nous, la grâce des grâces serait de s'aimer humblement
soi-même, comme n'importe lequel des membres souffrants de
Jésus-Christ.«[5] Obwohl es sich »nur« um eine Fußnote handelt,
nimmt sie eine strategische Schlüsselstelle im Aufbau von *Das
Selbst als ein Anderer* ein, weil Ricœur sich hier gleichsam dafür entschuldigt, dass er in der veröffentlichten Fassung seiner
Gifford Lectures bewusst und entschieden seine Überzeugungen, die sich mit dem biblischen Glauben verbinden, ausgeblen-
det hat. Meines Erachtens kann man diese Entschuldigung auch
als Einladung lesen, Ricœurs Wege des Anerkennens auch im

Abb. 1: Rembrandt, Selbstbildnis, 1660, Paris, Musée du Louvre

Blick auf die biblischen Glaubenswege des Anerkennens zu erörtern.

Die dritte Selbstanerkennungsformel versteckt sich in einer
ursprünglich 1987 in der Januarnummer der *Revue de géronto-
logie* veröffentlichten kurzen Betrachtung über ein Selbstbildnis
Rembrandts.[6] Im Selbstportrait, das Rembrandt 1660, sechs
Jahre vor seinem Tod, malte, erkennt der damals 74-jährige
Ricœur sich selbst indirekt wieder, indem er sich fragt, woher
er weiß, dass das Gesicht, das ihn auf diesem Gemälde anblickt,
dasjenige Rembrandts ist.

Unter welchen Bedingungen gelingt es mir, fragt sich Ricœur, das biographische und kunsthistorische Wissen mit dem, was sich mir nur in der Begegnung mit dem Kunstwerk erschließt, in Übereinstimmung zu bringen? Wir merken: Dies ist eine Frage der »reconnaissance« im ersten, oben unterschiedenen Sinn des Verbums. Die Lösung des Problems kann Ricœur zufolge nur darin bestehen, dass die Lücke zwischen der Unterschrift des Malers und dem Namen der abgebildeten Person so geschlossen wird, dass man »in der Einbildungskraft die Arbeit des Künstlers, der sich selbst malt, nachvollzieht«.[7]

Die anschließenden Worte verdienen es, in extenso zitiert zu werden, denn sie zeigen, dass dieser Nachvollzug eine Arbeit des Anerkennens ist, die indirekt als Selbstanerkennungsformel gelesen werden kann: »Wiederum greift im Jahre 1660 dieser Mann, von dem es heißt er sei gealtert, ruiniert und von seinem Publikum verlassen, auf das Kunstmittel des Spiegels zurück, um sich ein optisches Bild seiner selbst zu verschaffen. Dann aber vergisst er den Spiegel, er verheimlicht ihn sogar, indem er ihn nicht malt, und er hält dieses Spiegelbild für identisch mit ihm selbst. Also steht er sich selbst gegenüber und fragt dieses Gesicht, welcher Mensch er ist: neugieriger zu wissen, wer er ist, als unruhiger über sein Altern? Immer noch stolz oder schon verbraucht? Besser offenbart in der Verkleidung eines großen Herrn oder in einem Lumpenkleid? Hier, unterwegs zu einer Antwort, springt der Unterschied gegenüber Narziss in die Augen. Narziss ist in einer erotischen Liebe in sein eigenes Spiegelbild im Wasser verliebt. Er zerbricht es im Versuch, es zu umarmen. Rembrandt dagegen wahrt die Distanz, und er entscheidet sich, scheinbar ohne Hass und ohne Selbstgefälligkeit, sich selbst *zu examinieren*. Die einzige Antwort, die er auf die Fragen, die er sich über sich selbst stellt, anbietet, ist dieses Bild, das er uns zu sehen gibt. Für ihn heißt, sich selbst zu examinieren, soviel, wie sich selbst abzubilden im ersten Sinn des Wortes (diesbezüglich könnte man von einer ›Bilderforschung‹ sprechen, im selben Sinn wie man von einer ›Gewissenserforschung‹ spricht). Damit haben wir den Ansatz einer

Lösung des Rätsels gefunden. Rembrandt interpretiert sein Spiegelbild, indem er es auf der Leinwand neu erschuf. Sich selbst abbilden, im eben erwähnten Sinn des Wortes ist der schöpferische Akt der für uns, die Betrachter und kunsthistorische Laien, die Einheit der beiden Namen begründet: die des Künstlers und die der Person. Zwischen dem Ich, das sich im Spiegel erblickt und dem Selbst, das im Gemälde gelesen wird, schieben sich die Kunst und der Akt des Malens, der Abbildung seiner selbst ein.

Die Frage ob diese Gesichtszüge die des Künstlers zu dieser Zeit gewesen sind, wird damit hinfällig. Wir werden es nie wissen. Oder vielmehr: Die Frage ist sinnlos, denn das, was er in seinem Antlitz entdeckte, ist genau das, was er in sein Selbstbildnis hineinlegte. Das verschwundene Spiegelbild wird von der Überlebenskraft eines Selbstbildnisses überstrahlt, das der Künstler nicht mehr betrachtet, das aber für immer die Kraft hat, uns anzusehen.«[8]

III. »Und sie erkannten ihn am Brotbrechen« (Lk 24): Nachösterliche Wege des Anerkennens

Versuchen wir nun in einem dritten Schritt herauszufinden, ob die »Poetik des Lesens«, deren Voraussetzungen Ricœur im Vorwort seines gemeinsam mit dem Alttestamentler André La-Cocque herausgegebenen Buch *Penser la Bible* skizzierte[9], uns die Möglichkeit eröffnet die »Hermeneutik des Anerkennens« auch auf die biblischen »Glaubenswege des Anerkennens« zu beziehen, anders gesagt, anhand bestimmter Passagen der Heiligen Schrift herauszufinden, inwiefern und in welcher Hinsicht wir uns als Gläubige auf einem Weg des Anerkennens begeben haben, der von weit herkommt und uns Ausblicke in eine Zukunft verschafft, die sich jeder menschlichen Planung entzieht.[10]

Jean Greisch

1. »Poetik des Lesens«: Lesen als Arbeit des Anerkennens

Jacques Scheuer aus Löwen, der lange Jahre in Japan verbracht hat und den Buddhismus aus eigener Anschauung kennt, sagte mir einmal: »Religionen sind Lebensbahnen, die man in ihren guten und ihren schlechten Tagen betrachten sollte.« Dieser Spruch trifft auch auf die Glaubenswege zu, denen wir in der Heiligen Schrift begegnen. Die Leitfrage ist dabei jeweils: *Wer* ist dieser Gott, mit dem wir es als Glaubende zu tun haben? *Wo* und *Wie* können wir ihm begegnen und ihn als »Gott des Lebens« anerkennen?

In diese Doppelfrage *(Wer?* und *Wo?)* sind wir selbst bereits mit einbezogen. »Adam, wo bist Du?« ist die erste Frage, die in der Bibel an den Menschen ergeht. »Ich bin mir selbst zur Frage geworden und mühe mich an mir selbst ab«, bekennt der Heilige Augustinus in seinen *Bekenntnissen*.

Der recht verstandene Akt des Lesens ist selber schon ein Akt des »Anerkennens« im oben erläuterten Sinn. Gregor der Große hat in seinen Predigten über das Buch Ezechiel, die er im von den Langobarden belagerten Rom hielt, den eindrucksvollen Satz geprägt: »Scriptura cum legentibus crescit« (»Die Schrift wächst mit ihren Lesern«), und zwar, so würde ich hinzufügen, auch dann, wenn unser körperliches Wachstum längst schon abgeschlossen ist!

An einer anderen Stelle erläutert Gregor denselben Satz anhand eines Vergleichs: Die Schrift gleicht einem großen Fluss, in dem die Elefanten baden können und den die Schafe mühelos durchqueren können, ohne darin zu ertrinken! Gleichwie, ob wir uns eher in der Haut eines intelligenten Elefanten oder in der eines frommen Schafs wohlfühlen, wollen wir uns miteinander auf einen Weg des Anerkennens begeben, den ich anhand eines anderen Gemäldes Rembrandts illustrieren möchte.

Auf vielen Gemälden Rembrandts erblickt man Bücher auf Regalen, oder Menschen, die ein Buch in der Hand halten. Erst verhältnismäßig spät hat der geniale niederländische Künstler sich an die Darstellung von Menschen herangewagt, die im Akt

Abb. 2: Rembrandt, Die Prophetin Hanna, 1631

des Lesens begriffen – vielleicht könnte man sogar sagen: von diesem Akt »ergriffen« – sind. Besonders eindrucksvoll ist die Darstellung der Prophetin Hannah für die Rembrandts eigene Mutter, Cornelia van Rijn, Modell gestanden hat.

Eine alte Frau, deren Gesichtszüge zerknittertem Pergament ähneln, beugt sich über ein aufgeschlagenes Buch, dessen Blätter

81

wie von einem Windstoß aufgewirbelt werden. Ihr Mantel und ihr Kopftuch deuten ihre auch sozial anerkannte Würde an, eine Stellung, die in eigentümlichen Kontrast zur gebeugten Haltung, den verwischten Gesichtszügen und der tastenden Hand steht. Die gebeugte Rückenhaltung kann man so verstehen, dass sie sich gleichsam vor dem Text verneigt, was auch ein Akt des Anerkennens ist. Man kann sie aber auch als eine fließende Bewegung verstehen, in der ein Mensch, in dessen Körper eine ganze Lebensgeschichte eingegangen ist, sich auf eine ebenso lebendige Wirklichkeit zubewegt.

Die Hand der Frau tastet gleichsam die Schriftzeichen ab, um sie besser identifizieren zu können. Es ist eine zögernde, fast streichelnde Geste, die sich Zeit für das Durchbuchstabieren, das Entziffern und das aneignende Verstehen des Gelesenen nimmt. Zugleich ist es ein Versuch, mit dem in den Schriftzeichen verborgenen Sinn einen handgreiflichen Kontakt zu finden. Vom aufgeschlagenen Buch geht ein strahlendes, fast blendendes Licht aus, das sich auf dem verschatteten, pergamentähnlichen Antlitz der Frau widerspiegelt. Rembrandt vermittelt uns hier eine lebendige Anschauung der Tiefe und der Komplexität der Akte des Anerkennens, auf die wir uns als Leser der Heiligen Schrift einlassen.

2. Der Prozess des Anerkennens als Weg

Versuchen wir von hier aus anhand einiger Berichte der Evangelien über die nachösterlichen Begegnungen mit dem Auferstandenen die Fruchtbarkeit von Ricœurs Hermeneutik des Anerkennens zu verifizieren. Die enge Verflechtung zwischen Schriftlektüre und Bildmeditationen wird durch ein Bild aus dem in der Abtei Reichenau angefertigten Codex Egberti deutlich.

Unsere Betrachtung beginnt mit der Darstellung des Engels vor dem leeren Grab, der gleichsam das Tor bewacht, durch das wir hindurch schreiten müssen, um uns auf den nachösterlichen

Abb. 3: Codex Egberti 1, 980–993

Glaubensweg des Anerkennens zu begeben. Im Vergleich zur Lichtgestalt des Engels wirken die menschlichen Wächter auf dem Dach wie unscheinbare Zwerge, die nur noch eine ornamentale Funktion haben.

Dass der Weg nach Jerusalem die Jünger Jesu überforderte, und von ihnen nur als ein schrecklicher Holzweg empfunden werden konnte, bedarf keines längeren Kommentars.

Aus den unzähligen Texten, die man zum Beweis anführen könnte, greife ich einen einzigen Passus aus dem Johannesevangelium heraus. Der Evangelist beendet seinen Bericht über das öffentliche Wirken Jesu mit einem Hinweis auf dessen göttliche Sendung, deren geheimes Passwort »ewiges Leben« lautet: »Und ich weiß, dass sein Auftrag ewiges Leben ist« (Joh 12,50). Der hieran anschließende Bericht über das letzte Abendmahl beginnt mit einer kurzen Notiz, die uns, den Lesern dieses Evangeliums, den Schlüssel der nachfolgenden Ereignisse liefert: »Da er die Seinen, die in der Welt waren, liebte, erwies er ihnen seine Liebe bis zur Vollendung« (Joh 13,1).

Er erwies ihnen seine Liebe *eis telos.* Dieses griechische Wort »telos« darf nicht nur in einem rein chronologischen Sinn ver-

83

standen werden: »Er liebte sie bis zum Ende«, bis zu seinem letzten Atemzug, bis zur letzten Minute. Das stimmt wohl, aber der Vers hat einen noch tieferen Sinn: In seiner Liebe ging er zum Äußersten. Die neutestamentlichen Wege des Anerkennens werden erst dann zu Glaubenswegen, wenn man diesen »Extremismus« der Liebe anerkannt, und mindestens ansatzweise verstanden hat, denn zu nichts anderem hat der vierte Evangelist uns sein Evangelium hinterlassen.

Dass die Jünger es sich mit diesem Weg des Anerkennens schwertun, beweist unter anderem der Passus im 14. Kapitel, in dem Jesus selbst, nachdem er den Verrat nicht nur des Judas, sondern auch des Simon Petrus angekündigt hatte, vom Weg spricht, den er zu begehen hat: »Euer Herz lasse sich nicht verwirren. Glaubt an Gott und glaubt an mich! Im Haus meines Vaters gibt es viele Wohnungen. Wenn es nicht so wäre, hätte ich euch dann gesagt: Ich gehe, um einen Platz für euch vorzubereiten? Wenn ich gegangen bin und einen Platz für euch vorbereitet habe, komme ich wieder und werde euch zu mir holen, damit auch ihr dort seid, wo ich bin. Und wohin ich gehe – den Weg dorthin kennt ihr« (Joh 14,1–4).

Sind diese Andeutungen nicht dazu angetan, die schon verwirrten Herzen der Jünger in eine noch größere Verwirrung zu stürzen? Was soll diese Rede von einem Gehen und Wiederkommen auf einem offenbar noch von keinem Menschen begangenen Weg?

Einer der Jünger hat den Mut, seine Verwirrung offen zu bekennen. Es ist Thomas. »Thomas sagte zu ihm: Herr, wir wissen nicht, wohin du gehst. Wie sollen wir dann den Weg kennen?« (V. 5) Die Antwort besteht in einem noch rätselhafteren Wort, dessen Bedeutung Thomas und den anderen Jüngern erst viel später bewusst wird, und dessen Tragweite wir selbst vielleicht noch nicht erfasst haben. »Jesus sagte zu ihm: Ich bin der Weg, die Wahrheit und das Leben; niemand kommt zum Vater außer durch mich« (V. 6).

Diese dreifache Selbstbezeichnung Jesu: »der Weg«, »die Wahrheit«, »das Leben« ist einer der Höhepunkte des Johannesevangeliums und zugleich der neutestamentlichen Offenbarung überhaupt. Die Glaubenswege des Anerkennens entfalten sich von hier aus im Zeichen der Trias: »Weg«, »Wahrheit« und »Leben«. Ein Weg, der nicht zugleich ein Schritt in der Erkenntnis der je größeren Wahrheit und ein Weg zum Leben ist, kann kein Glaubensweg des Anerkennens sein.

Das unterstreichen die folgenden Worte, die den Einspruch eines anderen Jüngers auslösen: »Wenn ihr mich erkannt habt, werdet ihr auch meinen Vater erkennen. Schon jetzt kennt ihr ihn und habt ihn gesehen« (V. 7). Diesmal ist es Philippus, der sich zu Wort meldet: »Herr, zeig uns den Vater; das genügt uns« (V. 8). Er erhält eine Antwort, die ihn auf eine erst noch zu leistende Verstehensarbeit verweist, die viel Zeit, und nicht nur das beansprucht: »Jesus antwortete ihm: Schon so lange war ich bei euch, und du hast mich nicht erkannt, Philippus? Wer mich gesehen hat, hat den Vater gesehen« (V. 9).

Dieser Abschnitt des Johannesevangeliums liefert uns ein Vorspiel für unsere Betrachtung über die nachösterlichen Wege des Anerkennens. In einem seiner Romane spricht der französische Schriftsteller Julien Gracq von dem tiefen Eindruck, den die Auferstehungsberichte auf ihn gemacht haben. Alles geht sehr schnell. Man geht nicht, man läuft. Etwa im johanneischen Bericht über das leere Grab: Petrus und der Jünger, den Jesus liebte, laufen eilends zum Grab, und sie haben es ebenso eilig, nach Hause zu kommen. Selbst der Auferstandene scheint es eilig zu haben.

Was ist das Geheimnis dieser auffälligen Eile? Man kann sie auf die Naherwartung der baldigen Wiederkunft beziehen, deren Spuren besonders deutlich im Ersten Thessalonicherbrief greifbar sind. Man kann aber auch die Dringlichkeit der Frohbotschaft von der Auferstehung heraushören, eine Dringlichkeit, auf die der Apostel Paulus immer wieder in seinen Sendschreiben an die von ihm gegründeten Gemeinden verweist.

3. *Verkennungen und Wiedererkennungen*

Ein weiteres auffälliges Merkmal der Auferstehungsberichte ist die Tatsache, dass die Arbeit des Anerkennens zunächst die Form des Widererkennens hat. Was dieses Wiedererkennen so schwierig macht, ist die Erschütterung des gewaltsamen Todes Jesu und die Erinnerung an die Verunstaltung der Kreuzigung. Dieser Aspekt spiegelt sich besonders deutlich in einer Erzählung des Johannesevangeliums wider, die immer wieder in der christlichen Kunst illustriert wurde.

Es ist die Wiedererkennungsszene (Joh 20,11–18) zwischen Maria von Magdala und dem Auferstandenen im Friedhofsgarten am Ostermorgen. Aus leicht verständlichen Gründen ist Maria untröstlich. Nicht nur, weil sie durch den gewaltsamen Tod Jesu am Kreuz einen unersetzlichen Verlust erlitten hat, sondern auch weil die Entdeckung des leeren Grabes diesen Verlust noch verschärft: »Sie haben meinen Herrn weggenommen, und ich weiß nicht, wo sie ihn hingelegt haben« (20,13).

Wer je mit Hinterbliebenen zu tun hatte, die nicht einmal über den Leichnam des Vermissten oder Verunglückten verfügten, wird verstehen, wie sehr dies ihre Trauerarbeit erschwert oder gar verunmöglicht. In dieser verzweifelten Situation wendet Maria sich um und sieht Jesus dastehen, ohne zu wissen, mit wem sie es zu tun hat: »Als sie das gesagt hatte, wandte sie sich um und sah Jesus dastehen, wusste aber nicht, dass es Jesus war« (V. 14).

Maria hält Jesus zunächst für den Gärtner. Für viele Künstler ist dies ein Anlass gewesen, Jesus als Gärtner verkleidet darzustellen. Zum Beispiel in einem eindrucksvollen Holzschnitt Albrecht Dürers. Man muss schon sehr genau auf die Wundmale an den Händen und Füssen dieser mächtigen Gestalt schauen, um zu merken, dass dieser von der aufgehenden Sonne angestrahlte »Gärtner« kein gewöhnlicher Friedhofsarbeiter ist!

Abb. 4: Albrecht Dürer, Folge der »Kleinen Passion«,
Szene: Christus als Gärtner, um 1510

Dieselbe Verwechslung wird in einer Federzeichnung des großen Meisters Rembrandt diskret angedeutet. Der von Gram zusammengekauerten Frauengestalt steht die aufrechte Gestalt des »Gärtners« gegenüber, der offenbar ihren Schmerz ernst nimmt und sich ihr bereits zugewandt hat: »Frau, warum weinst Du?«.

Andere Künstler zögern nicht, diese Verwechslung ins Theatralische zu ziehen, auf die Gefahr hin, ins Allegorische abzuschwenken. Auch wenn man die Ausdruckskraft solcher Darstellungen bewundert, sind sie keine besonders guten Verstehenshilfen, um den Gegebenheiten des Textes näherzukommen. Ein Zitat von Jean Auguste Dominique Ingres (1780–1867) mag uns demgegenüber helfen, den hermeneutischen Gebrauch zu präzisieren, den man von den Bildern der alten Meister machen kann: »Man muss das Geheimnis des Schönen im Wahren finden. Die alten Meister haben nichts geschaffen, sie haben erkannt.«

Ohne zu zögern, ergänze ich diesen Spruch durch ein: »… und sie haben *anerkannt*«! Ihr schöpferischer Blick hilft uns, den Lesern der Schrift und Betrachtern dieser Bilder, die keine bloßen Illustrationen, sondern immer auch Interpretationen sind, auf dem Weg des Anerkennens weiter.

Das erste Wort, das Jesus an Maria richtet, ist eine Frage, und zwar dieselbe, welche die Engel bereits einige Verse zuvor an sie gerichtet hatten: »Was weinst du?« Ein Merkmal der Erscheinungsberichte ist der Nachdruck, mit dem immer wieder auf die Gefühle der Betroffenen hingewiesen wird. Jeder wird persönlich angesprochen und bei seinem Namen gerufen, anders gesagt, er wird vom Auferstandenen »anerkannt«. Erst aufgrund dieser vorgängigen Anerkennung wird der Anerkennungsprozess des Glaubens ausgelöst und findet die »Umwendung« statt, die eine neue Blickweise ermöglicht: »Da wandte sie sich ihm zu und sagte auf hebräisch zu ihm: Rabbuni!, das heißt: Meister! Jesus sagte zu ihr: Halte mich nicht fest; denn ich bin noch nicht zum Vater hinaufgegangen. Geh aber zu meinen Brüdern und sag ihnen: Ich gehe hinauf zu meinem Vater und

Abb. 5: Rembrandt, Federzeichnung, Christus als Gärtner, um 1638

zu eurem Vater, zu meinem Gott und zu eurem Gott«
(V. 16–17).

Die Diagonale dieses »Hinauf zu meinem Vater und zu eurem Vater, zu meinem Gott und zu eurem Gott« ist die beherr-
schende Linie in Antonio da Correggios (1489–1534) Darstellung dieser Szene, an der sich unzählige Künstler versucht
haben. Das Gemälde, in dem sich die kniende Maria und der
aufrecht stehende Auferstandene Auge in Auge gegenüber-
stehen entstand 1522/1523. Das ausdrucksvolle Spiel der Hände
bestärkt noch den Eindruck, dass sich hier eine Aufwärts-
bewegung vollzieht, die alles in ein neues Licht rückt. Paolo Ve-
ronese, ein Schüler Correggios, schildert dieselbe Szene in den
für seine Malweise charakteristischen Silbertönen.

Es ist gibt wenige biblische Szenen, die in der christlichen
Kunst so häufig dargestellt wurden wie diese. Auch hier gilt es
genau, auf den Text zu achten, um nicht einem Missverständnis

zu verfallen, das durch die lateinische Übersetzung des 17. Verses *(mè mou haptou)* mit »Noli me tangere!« ausgelöst wird. Dieses Missverständnis wird in der Einheitsübersetzung im Anschluss an Luther noch bekräftigt: »Rühre mich nicht an!«. Der Kommentar der Stuttgarter Erklärungsbibel deutet an, dass diese Warnung eine Korrektur eines möglichen, durch Mt 28,9b ausgelösten Missverständnisses sein könnte: »Und sie (die Frauen am Grab, »Maria von Magdala und die andere Maria«, V. 28,1) umfassten seine Füße und fielen vor ihm nieder«. »Auferstehung«, so der Kommentar, »ist nicht Rückkehr in altvertraute Verhältnisse und Bindungen, sondern Aufbruch und Durchbruch in eine ganz neue Dimension des Lebens aus Gott und mit Gott. Anders wäre sie für Jesus nicht die Vollendung und brächte sie den Jüngern nicht das verheißene Heil.«[11]

Diesem Kommentar kann ich nur zustimmen, denn wenn die Auferstehung nur eine Neuauflage von etwas bereits Erlebtem wäre, würde die Rede von nachösterlichen Glaubenswegen des Anerkennens überhaupt hinfällig. Das ändert freilich nichts daran, dass die eben erwähnte Übersetzung ihrerseits missverständlich ist. Es wäre höchst verwunderlich, dass Jesus, der zeitlebens keine Kontaktscheu gegenüber Frauen (vgl. Mt 28,9), Sündern und Zöllnern gezeigt hatte, sich nach seiner Auferstehung in einen »Rührmichnichtan« verwandelt hätte!

An religiösen »Rührmichnichtans« gibt es in der Religionsgeschichte keinen Mangel. Von einem hinduistischen Heiligen des 19. Jahrhunderts wird berichtet, er hätte so empfindlich auf Unreinheit reagiert, dass er schon unpässlich wurde, wenn eine menstruierende Frau das Vorzimmer seiner Wohnung durchquerte. Für solche Vorstellungen gibt es glücklicherweise in den kanonischen Evangelien keinen Anhalt, weder vor noch nach der Auferstehung!

Alles hängt von einem rechten Verständnis der Bewegung des Anerkennens und ihrer spezifischen Dynamik ab. Dass es sich nicht darum handeln kann, den Auferstandenen in Beschlag zu nehmen, weder für Maria noch für die anderen Jünger, noch für die heutige Kirche, steht außer Zweifel. Ebenso entscheidend

Abb. 6: Correggio, Noli Me Tangere, um 1525

ist die Frage, welche Bewegung das Auferstehungsereignis ausgelöst hat und auf welchen Weg es uns gebracht hat.

Diese Frage drängt sich mir auf, wenn ich im Louvre einem
Gemälde des Florentiner Malers Angelo Bronzino (1502–1563)
des Hauptvertreters des Toskanischen Manierismus gegenüber

91

stehe. In diesem 1561 gemalten Bild verwandelt sich die Anerkennungsszene im Friedhofsgarten nahezu in eine Tanzstunde. In einer eigentümlichen Choreographie, die sich um die mächtige Gestalt des Auferstandenen dreht, gerät alles in Bewegung, angefangen von den aufgelösten Haaren Marias, dem eindrucksvollen Spiel der Hände bis zu den beiden Frauengestalten im Hintergrund und den winzigen Engeln vor dem Grab. Dass die Begegnung mit dem Auferstandenen auch als eine »invitation à la danse« verstanden werden kann, und zwar zu einem Tanz, der in kosmische Dimensionen hineinreicht, ist ein Gedanke, den man in den Texten mancher Kirchenväter wiederfindet, mit denen Hugo Rahner sich in seinem Buch *Homo ludens* beschäftigt hat.

4. Handgreiflichkeiten und Glaubensgewissheiten

Wenden wir uns nun einer zweiten Szene zu, die auf fast drastische Weise bezeugt, dass der Auferstandene in der Tat kein »Rührmichnichtan« ist. Es ist die Geschichte des »ungläubigen« Thomas in Joh 20,24–29, die eigentlich den Titel: »Der gläubige Thomas« verdienen würde, denn auch hier handelt es sich eindeutig um eine Bekehrungs- und Anerkennungsgeschichte. Aus Gründen, die der Evangelist nicht erläutert, ist Thomas bei der ersten Begegnung mit dem Auferstandenen nicht dabei gewesen. Seine irritierte Reaktion auf die Begeisterung der anderen Jünger besteht in einer Provokation: »Wenn ich nicht die Male der Nägel an seinen Händen sehe und wenn ich meinen Finger in seine Seite lege, glaube ich nicht« (V. 25). Diesen Satz kann man folgendermaßen verstehen: Ich brauche andere und stärkere, handgreiflichere Beweise als die Erzählungen leichtgläubiger Frauen und einer sich leicht in Begeisterungszustände hineinsteigernden Gemeinde! Diese Sonderstellung des Thomas spiegelt sich etwa in einem romanischen Kapitell der Kirche Santo Domingo de Silos wider.

Thomas ist nicht nur ein Charakterkopf, er steht auch stell-

Abb. 7: romanisches Kapitell Santo Domingo de Silos

vertretend für eine Mentalität, die heute verbreiteter ist als je. Er stellt seine Bedingungen, damit die Anerkennung für ihn intellektuell und existenziell nachvollziehbar wird. Die diesbezügliche Einstellung fasst ein Satz Hegels über das moderne Prinzip der Erfahrung gut zusammen: »Das Prinzip der *Erfahrung*«, liest man im Zusatz des 7. Paragraphen der Einleitung zu Hegels *Enzyklopädie der Wissenschaften,* »enthält die unendlich wichtige Bestimmung, dass für das Annehmen und Fürwahrhalten eines Inhalts der Mensch selbst *dabei sein* müsse, bestimmter, dass er solchen Inhalt mit der *Gewissheit seiner selbst* in Einigkeit und vereinigt finde. Er muss selbst dabei sein, sei es mit seinen äußerlichen Sinnen oder aber mit seinem tieferen Geiste, seinem wesentlichen Selbstbewusstsein.«[12]

Diese Forderung findet wohl nirgendwo einen drastischeren Ausdruck als in Caravaggios 1602/1603 entstandenem Gemälde in der Gemäldegalerie des Schlosses Sanssouci in Potsdam, eine Darstellung, die immer wieder kopiert wurde, und von der bereits im 17. Jahrhundert 22 Kopien im Umlauf waren. In dieser Darstellung nimmt Thomas die Einladung Jesu: »Streck deinen Finger aus – hier sind meine Hände! Streck deine Hand aus und leg sie an meine Seite, und sei nicht ungläubig, sondern gläubig!« beim Wort. Er berührt nicht nur die Wunde, sondern stochert wie ein Arzt in der Wunde herum, gleichsam, als wolle er der Sache »auf den Grund gehen«.

Die beiden anderen Jünger sind ebenso wie Thomas an der »Inspektion« beteiligt. Im Gegensatz zu ihnen blickt Thomas aber nicht auf den Leib des Auferstandenen, er sieht ihn nicht an. Sein Blick gleitet an ihm vorbei, als ob sein Blick sich ganz in den tastenden Finger verlagert hätte. Die Tatsache, dass sein Umhang selber einen Riss auf der Schulter hat, stellt eine eigentümliche Beziehung zwischen dem Wundmal Jesu und dem von Zweifeln hin und her gerissenen Thomas her.

Was Caravaggio, der Unverschämte, nicht erfasst, sondern nur in der Handbewegung Jesu andeutet, ist der eigentliche Prozess der Umkehr: »Thomas antwortete ihm: Mein Herr und mein Gott! Jesus sagte zu ihm: Weil du mich gesehen hast,

Abb. 8: Rembrandt, Der ungläubige Thomas, 1634

glaubst du. Selig sind, die nicht sehen und doch glauben!«
(V. 26–29). Insofern können wir seine Darstellung durch die
Rembrandts ergänzen.

5. Das große Wunder des Anerkennens:
   ### Unterwegs nach Emmaus

Wenden wir uns jetzt dem dritten Text zu, auf den der Titel
unserer Meditation verweist. Wir finden ihn im 24. Kapitel des
Lukasevangeliums. Ähnlich wie Johannes erwähnt auch Lukas

95

den Lauf der Jünger zum leeren Grab, den Petrus hier gleichsam im Alleingang absolviert. Lukas fasst die ganze Begebenheit in einem einzigen Vers zusammen (24,12), der eine Erzählung »en miniature« ist. Der Lauf Petri zum leeren Grab endet mit der Feststellung, dass Petrus »voll Verwunderung über das, was geschehen war«, zurückkehrt. Auffällig ist hier die eigentümliche Unbestimmtheit der Formel »das, was geschehen war«. Was war denn eigentlich geschehen?

Dieselbe Unbestimmtheit finden wir in der anschließenden, breit ausgestalteten Erzählung über den Gang der Jünger nach Emmaus (24,13–35), die zum lukanischen Sondergut gehört. Es ist die längste der Auferstehungsgeschichten überhaupt, was einige Exegeten dazu geführt hat, sie als eine Art von theologischer Synthese der Auferstehungsberichte zu betrachten. Für unsere Betrachtung entscheidend ist, dass sie sämtliche Motive enthält, welche die Rede von nachösterlichen Glaubenswegen des Anerkennens rechtfertigen.

Ebenso wie Johannes in den beiden bisher betrachteten Erzählungen unterstreicht auch Lukas das ursprüngliche Nicht-Wiedererkennen. Auf dem Weg nach Emmaus sprechen die Jünger »miteinander über all das, was sich ereignet hatte« (V. 14). Auch hier haben wir eine ähnlich unbestimmte Wendung wie das ebenerwähnte: »das, was geschehen war«. In dieser kurzen Zeitspanne hat sich so viel ereignet, dass es unmöglich ist, sich einen Begriff davon zu machen, wie immer, wenn wir es mit einem »Ereignis« im starken Sinne des Wortes zu tun haben.

»Während sie redeten und ihre Gedanken austauschten, kam Jesus hinzu und ging mit ihnen.« Namenlos und unerkannt gesellt er sich ihnen zu und geht mit ihnen. Warum gibt er sich nicht sofort zu erkennen? Weil diese Art der Aufdringlichkeit nicht seiner Wesensart entspricht, aber auch, weil damit ein wesentlicher Aspekt der Frohbotschaft von der Auferstehung verloren gehen würde. Handgreifliche Beweise, wie in Caravaggios Gemälde findet man keine in den kanonischen Evangelien, im Gegensatz zu den Apokryphen. Der Weg der Nachfolge ist ein Weg des Mitgehens und Mitgenommenwerdens, den der Glau-

bende selbst gehen muss, anstatt sich öffentlicher Transport-
mittel zu bedienen.

»Doch sie waren wie mit Blindheit geschlagen, sodass sie ihn
nicht erkannten« (V. 16). Dieser Vers liefert uns einen ersten,
scheinbar rein negativen Hinweis auf die noch nicht bewältigte
Arbeit des Anerkennens. Wiederum ist die »Blindheit« keine
rein intellektuelle Unfähigkeit, sondern auch eine Blindheit des
Herzens. Wie öfters nach schweren, traumatischen Ereignissen,
geht es um die Unfähigkeit, das Neue zu erkennen, das schon
angebrochen ist, insbesondere dann, wenn es sich, wie hier, um
ein unerhört Neues handelt.

Eine unsichtbare Scheidelinie trennt die Betroffenen von den
Nichtbetroffenen, gleichsam als ob sie in einer anderen Welt
leben würden: »Bist du so fremd in Jerusalem, dass du als ein-
ziger nicht weißt, was in diesen Tagen dort geschehen ist?« Die
irritierte Frage enthält zugleich eine hintergründige Ironie, denn
der Fremde, scheinbar Nichtbetroffene, ist in der Tat »der Einzige«, aber in einem ganz anderen Sinn als die Jünger vermuten!

Mit der abweisenden Reaktion: »Was geht das dich an?«,
hätte die Begegnung enden können. Jeder wäre seine eigenen
Wege gegangen, wie das öfters bei zwischenmenschlichen Begegnungen der Fall ist. Hier aber löst die schlichte Frage: »Was
denn?« eine wahre Sturzflut von Informationen aus (V. 19–24),
gleichsam als ob die Jünger nur auf diese Gelegenheit gewartet
hätten, jemandem ihr Herz ausschütten zu können. Sie enden
mit dem enttäuschenden Bekenntnis: »Ihn selbst aber sahen sie
nicht!« (V. 24). Immer noch besteht die Möglichkeit, dass die
von den Frauen berichteten Begebnisse nur viel Aufregung um
nichts gewesen sind.

Immerhin ist durch die Tatsache, dass die Jünger sich dem
Fremdling anvertraut haben, eine neue Verstehenssituation entstanden: »Begreift ihr denn nicht? Wie schwer fällt es euch, alles
zu glauben, was die Propheten gesagt haben. Musste nicht der
Messias all das erleiden, um so in seine Herrlichkeit zu gelangen? Und so legte er ihnen dar, ausgehend von Mose und allen
Propheten, was in der gesamten Schrift über ihn geschrieben

steht« (V. 25–27). Diese kleine Wanderpredigt ist die erste »Osterpredigt« überhaupt, und die Matrize der zahlreichen Predigten, die wir in der lukanischen Apostelgeschichte finden.

Wie das öfters bei Predigten der Fall ist, wissen wir nicht, wie sie bei den Zuhörern angekommen ist! Für uns, die Leser der lukanischen Erzählung, ist ihr Grundtenor, dass der nachösterliche Glaubensweg des Anerkennens über die »ganze Schrift« in ihrer polyphonen Ganzheit von Gesetz, Erzählung, Prophetie und Weisheit führt. Dass die Predigt ihre Wirkung nicht verfehlt hat, zeigt die Reaktion der Jünger, als sie gegen Abend das Dorf erreicht haben: »Jesus tat, als wolle er weitergehen, aber sie drängten ihn und sagten: Bleib doch bei uns; denn es wird bald Abend und der Tag hat sich schon geneigt. Da ging er mit hinein, um bei ihnen zu bleiben« (V. 28–29). Gleich zweimal stoßen wir hier auf das Verbum »Bleiben« *(menein)*, das ein Grundwort des Johannesevangeliums, insbesondere in den Abschiedsreden Jesu ist. Es macht uns auf ein anderes Wesensmerkmal der Glaubenswege des Anerkennens aufmerksam, wodurch sie sich von touristischen Kreuzfahrten und wissenschaftlichen Expeditionen unterscheiden: Sie sind auf ein »Bleiben« ausgerichtet!

Ohne dieses »Bleiben« wäre die Glaubensgemeinschaft selbst grundlos. Paul Ricœur spricht in seinen *Wegen der Anerkennung* vom »kleinen Wunder des Anerkennens«, das immer dort stattfindet, wo Menschen einander anerkennen. Dieses Wunder findet auch hier statt, aber in der besonderen Form der Tischgemeinschaft, des gemeinsamen Mahls. »Und als er mit ihnen bei Tisch war, nahm er das Brot, sprach den Lobpreis, brach das Brot und gab es ihnen« (V. 31). Die umständliche Beschreibung des Vorgangs ist sicher beabsichtigt. Es geht nicht nur um das kleine Wunder des gegenseitigen Anerkennens, sondern auch um das große Wunder der Danksagung, das das eigentliche Wiedererkennen ermöglicht: »Da gingen ihnen die Augen auf, und sie erkannten ihn.« Ihre ursprüngliche Blindheit ist geheilt und behoben; aber unmittelbar darauf »sahen sie ihn nicht mehr«.

Die nachösterlichen Wege des Anerkennens führen von der Blindheit zum Sehen, vom physischen Sehen zum Glauben:

Abb. 9: Rembrandt, Christus in Emmaus, 1654

Abb. 10: Codex Egberti 2, 990–993

»Brannte uns nicht das Herz in der Brust, als er unterwegs mit uns redete und den Sinn der Schrift erschloss?« (V. 32). Nur brennenden Herzen geht ein Licht auf, eben jenes Licht, das Rembrandts Darstellung der Szene überstrahlt.

Den ganzen Weg des Anerkennens fasst der Codex Egberti in zwei Szenen zusammen, wobei sich die Gestalten der beiden Jünger in Form eines Andreaskreuzes miteinander vertauschen.

Anmerkungen

[1] G. W. F. Hegel, *Phänomenologie des Geistes*, Theorie Werkausgabe, Band 3, Frankfurt 1970, 35.

[2] Ebd., 147.

[3] M. Hénaff, Der Preis der Wahrheit. *Gabe, Geld und Philosophie*, Frankfurt 2009.

[4] P. Ricœur, *Wahrheit und Geschichte.*

[5] P. Ricœur, *Das Selbst als ein Anderer.*

[6] P. Ricœur, »Sur un autoportrait de Rembrandt (1987)« in: *Lectures 3. Aux frontières de la philosophie*, Paris 1994, 3–15.

[7] »[R]efaire en imagination le travail même de l'artiste se peignant lui-même« (Ebd., 14).

[8] Ebd., 14 f. (persönliche Übersetzung)

[9] P. Ricœur und A. LaCocque, *Penser la Bible*, Paris 1998, 14–18.

[10] Im Folgenden greife ich auf Elemente der 18 »Glaubenswege des Anerkennens« betitelten Bibelmeditationen in Form von Bildbetrachtungen, die ich während meiner Berliner Lehrtätigkeit von 2009 bis 2012 im Auftrag der Guardini-Stiftung hielt, zurück.

[11] *Stuttgarter Erklärungsbibel*, 1603.

[12] G. W. F. Hegel, *Enzyklopädie der philosophischen Wissenschaften im Grundrisse I*, Theorie Werkausgabe, Band 8, Frankfurt 1970, 49 f.

Woraus lebt das Anerkennungsgeschehen?

Paul Ricœur und die gegenwärtige (Religions-)Philosophie der Gabe

Veronika Hoffmann

1. Zur Verbindung der Diskurse von Gabe und Anerkennung

Es ist nicht selbstverständlich, dass die Begriffe »Anerkennung« und »Gabe« in einer Titelformulierung zusammengestellt werden. Lange Zeit handelte es sich um getrennte Diskurse – Anerkennungstheorien hier, ein wiederaufkommendes Interesse am Phänomen der Gabe dort. Versuche, beide Forschungskontexte zu verbinden, gibt es erst neuerdings und der große Impulsgeber, der das Nachdenken über eine solche Zusammenstellung wesentlich mit angeregt hat, ist Paul Ricœur in seiner letzten Monographie *Wege der Anerkennung*.[1] Erst durch den prominenten Ort, den der Gabediskurs dort erhalten hat, ist er für weite Teile der Forschungslandschaft vor allem außerhalb Frankreichs deutlicher in den Blick gerückt. Ricœur greift dabei seinerseits auf entsprechende Forschungen des Philosophen und Anthropologen Marcel Hénaff zurück. Dabei entnimmt er Hénaffs gabetheoretischem Entwurf die grundsätzliche Verbindung von Gabe und Anerkennung, führt sie aber in seiner eigenen Weise weiter.

In diese komplexen Verhältnisse von Gabe und Anerkennung will ich im Folgenden etwas hineinleuchten. Dabei gehe ich zunächst auf Marcel Hénaffs Überlegungen zurück und skizziere, wie er die Gabe als Medium von Anerkennung konzipiert (2.). Anschließend werde ich Ricœurs Rezeption dieser Überlegungen darstellen. Dabei wird sich zeigen, inwiefern Ricœur nicht nur bestimmte Aspekte betont, indem er Hénaffs Erkenntnisse in seine anerkennungstheoretischen Überlegungen einspeist, sondern es auch zu signifikanten Modifikationen kommt (3.).

Zu diesen Modifikationen hat Hénaff sich seinerseits kritisch geäußert. Diese Kritik, so möchte ich sodann zeigen, deckt einen neuralgischen Punkt des gesamten Gabediskurses auf. Zugleich scheint mir aber, dass Ricœurs Modifizierungen genau auf dieses Problem antworten, sodass ich gegen Hénaffs Kritik gerade Ricœurs Fassung der »Gabe der Anerkennung« für wegweisend halte (4.). In diesem Sinne werde ich abschließend einige knappe Bemerkungen machen, inwiefern eine stärkere Verschränkung der Diskurse von Gabe und Anerkennung für beide bereichernd sein könnte und was insbesondere auch die Theologie dabei zu gewinnen hätte (5.).

2. Die »Gabe der Anerkennung«: Marcel Hénaff

Die Gabe rückt seit etwa 20 Jahren wieder zunehmend in den Blickpunkt der Forschung, und das quer durch eine Reihe von Disziplinen: Die Sozialwissenschaften, vor allem auch die Anthropologie, die Philosophie und die Ethik, die Literatur- und die Geschichtswissenschaft und mit etwas Verzögerung auch die Theologie befassen sich mit ihr. Entsprechend vielfältig ist der Diskurs, aus dem ich nur einige zentrale Fragestellungen nenne.[2]

Landläufig verstehen wir unter einer »Gabe«: »Jemand gibt jemandem etwas.« Aber was genau geschieht hier und warum geschieht es? Was hat der Geber davon, zu geben, was hat der Empfänger davon, zu empfangen? Und ist der Vorgang des Gebens damit abgeschlossen oder kommt es zu einer Gegengabe des Empfängers? Eine Zentralfrage aller Gabetheorien lautet deshalb: Ist Geben als ein einseitiges oder ein wechselseitiges Geschehen zu beschreiben? Gehört die Gegengabe zur Gabe hinzu oder ist eine solche Gegengabe ein neuer Vorgang, der vielleicht sogar die erste Gabe diskreditiert?

Damit engstens verbunden ist ein zweiter Fragenkomplex: Ist die Gabe eine Form von verdeckter Ökonomie? Dient sie in diesem Sinn der Zirkulation von »symbolischem Kapital«: Macht,

Einfluss, Gruppenzugehörigkeit etc.?[3] Oder ist sie – mindestens im Idealfall – ein altruistischer Akt, eine Geste, die ganz und gar den anderen im Blick hat?

Diese Fragen führen wiederum zu einer dritten: Ist die Gabe – und gegebenenfalls eine auf sie reagierende Gegen-Gabe – eine ganz und gar freiwillige Handlung oder gibt es hier Verpflichtungsstrukturen? Letzteres scheint faktisch häufig der Fall zu sein: Wer zum Essen eingeladen wird, muss sich mit einer Gegeneinladung revanchieren. Aber in welchem genauen Sinn wäre von einer solchen Verpflichtung oder einer »Schuld«, die die Gabe erzeugte, zu sprechen? Und handelt es sich dabei um ein Charakteristikum der Gabe oder schon um eine derivierte Form? Den Ausgangspunkt so gut wie aller Gabetheorien bildet der Klassiker von Marcel Mauss, *Essai sur le don*.[4] Freilich divergieren dessen Interpretationen so erheblich, dass schon gespottet wurde, es handle sich um einen typischen kanonischen Text, insofern jeder in ihn hineinlese, was er wolle.[5] Im vorliegenden Kontext bedeutsamer als die Rezeptionskontroversen ist, dass Mauss sich weitestgehend auf Gabepraktiken segmentärer, vorstaatlicher Gesellschaften bezieht, das heißt: auf rituelle, öffentliche Praktiken des Gabentauschs zwischen Stämmen oder Clans. Und hier setzt Marcel Hénaffs Grundkritik des bisherigen Gabediskurses an. Denn seines Erachtens wird Mauss in aller Regel durch die Brille eines Grundverständnisses dessen gelesen, was eine Gabe sei oder sein sollte, das erst aus der *Moderne* stammt und sich deshalb auf die Mauss'sche Gabe gar nicht anwenden lässt. So komme es zu zwei fundamentalen Misskonzeptionen.[6]

Die Gabe wird entweder verstanden als ein grundlegend *moralisches* Phänomen: Sie sei zumindest im Idealfall ein reines, uneigennütziges Geschenk an den anderen, bei dem der Geber von jeder Erwartung einer Gegengabe frei sei. Hénaff findet diese Vorstellung ins Extrem ausgezogen beispielsweise bei Jacques Derrida.[7] Oder sie wird, so die klassische Gegenposition, als ein *ökonomischer* Vorgang interpretiert, als eigennütziger, gegebenenfalls verdeckter Kommerz. Die Gabepraktiken in segmentären Gesellschaften wären dann Vorformen unseres Wirtschaftssystems. Vereinfachend kann man also von einem »moralistischen« und einem »ökonomistischen Missverständnis« der Gabe sprechen.[8]

Die zentrale These Hénaffs lautet hingegen, dass die rituelle, öffentliche Gabe vorstaatlicher Gesellschaften auf einen Bereich zielt, der in der bisherigen Gabedebatte durch die scheinbar unausweichliche Alternativstellung von »moralisch« versus »ökonomisch« unsichtbar blieb. Hier stellt die Gabe weder eine Gestalt der Ökonomie dar, noch bildet sie einen Gegensatz zu ihr. Sie fordert zu einer Erwiderung heraus, ohne eine Form von Handel zu sein. Ihr geht es auch nicht um Hilfeleistung und nicht um den Transfer eines Objekts von jemandem zu jemand anderem. Hénaff nennt diese Gestalt der Gabe – in Anlehnung an Bronislaw Malinowski – »zeremoniell«[9]. Zentrum und Ziel dieser zeremoniellen Gabe bildet der Vorgang der *wechselseitigen Anerkennung:* »Wichtig ist nicht das Geben an sich, sondern ein Verfahren gegenseitiger Anerkennung einzuleiten oder fortzusetzen, das sich in kostbaren Gütern oder Diensten ausdrückt.«[10] Diese Anerkennung des anderen ist verbunden mit dem Wunsch, mit ihm in Beziehung zu sein. Das kann sich in vielen Formen darstellen, aber immer geschieht es über ein Medium: ein Geschenk, eine Höflichkeitsgeste, die Einladung zu einem Fest etc. Hier wird deutlich, warum die Objekte, die während einer solchen Tauschhandlung transferiert werden, nicht als solche entscheidend sind: Diese Gaben zielen nicht darauf, Güter zu teilen oder Not zu lindern, sondern sie sind das Mittel, um den anderen zum Eingehen einer Beziehung aufzufordern.[11] Die Gabe steht als Symbol für den Gebenden selbst: Indem ich etwas gebe, das mir gehört, gebe ich im doppelten Wortsinn etwas »von mir«, ich gebe – symbolisch – einen Teil meiner selbst. »Es handelt sich nicht darum, jemandem etwas zu geben, sondern darum, *sich selbst jemandem zu geben vermittels von etwas.*«[12] Eine solche Gabe, die auf Anerkennung und Gemeinschaft zielt, kann nicht einseitig bleiben, sondern kommt erst in Annahme und Erwiderung zum Ziel. Folglich ist sie auf Seiten des Empfängers mit einer spezifischen Form von Verpflichtung verbunden, auf Seiten des Gebers mit einem gewissen Risiko: Was, wenn der andere nicht repliziert, wenn er das Beziehungsangebot zurückweist? Wenn der Prozess einmal begonnen hat, gibt es kein neutrales Territorium mehr. Wer eine Gabe ablehnt, verletzt oder beleidigt den Geber. Die Regelhaftigkeit und häufige Ritualisierung des Gabentausches dient deshalb dazu, dieses Risiko einer misslingenden Gabe zu minimieren und die Annahme der Gabe möglichst weitgehend zu sichern. Hénaff verwendet gerne die Metapher des Spieles, um das hier herrschende Verhältnis von Freiheit und Verpflichtung genauer zu verdeutlichen: Um das Risiko zu begrenzen, das ich eingehe, wenn ich dem anderen Anerkennung und Gemeinschaft anbiete, gibt es gesellschaftliche »Spielregeln« der Gabe. Aber diese sind mit Spielräumen der Freiheit verbunden – nicht zuletzt mit der Möglichkeit, die Spielregeln zu brechen und das Spiel zu verweigern. Es ist nicht zwingend, dass jemand die Initiative ergreift. Und ebenso besteht die Antwort nicht in einer mechanischen Spiegelung, sondern in einer bewussten Annahme der Gabe und der mit ihr gegebenen Herausforderung. Die Antwort »besteht nicht so sehr darin, die Gabe zu erwidern, als vielmehr *seinerseits zu geben; nicht darin, zurückzuerstatten, sondern seinerseits die Initiative des Gebens zu ergreifen*«[13]. Die »Logik«, die Hénaff in der zeremoniellen Gabe entdeckt, besteht so also in einer spezifischen Verknüpfung von Gabe, Reziprozität und Anerkennung.

Die Aufdeckung dieses »dritten Bereichs« der Gabe jenseits von Ökonomie oder Altruismus ist nun noch in einer zweiten Weise bedeutsam. Es kann nämlich bei der Unterscheidung von »zeremoniellem«, »moralischem« und »ökonomischem« Geben nicht um die Frage gehen, was »stimmt«, sondern es handelt sich schlicht um verschiedene Ebenen, die weder zur Deckung kommen noch miteinander konkurrieren: »*Die Beziehung der Gabe hat, auch wenn sie sich im Gegensatz zum Tauschhandel definiert, nicht zur Aufgabe, diesen zurückzuweisen, und schon gar nicht, an seine Stelle zu treten;* sie spielt sich auf einer anderen Ebene ab.«[14] Hénaff bestreitet also weder die Existenz noch die Berechtigung ökonomischer und moralischer Formen des Gebens. Ihm zufolge ist nur eine *Ableitung* dieser Formen aus der zeremoniellen Gabe nicht korrekt, denn diese ist eben strukturell weder eine Form »archaischer Ökonomie« noch eine Geste der Hilfe oder der Caritas. Daraus folgt aber, dass man von »der« Gabe gar nicht sprechen kann. »Gabe« gibt es nicht einfach als eine quer durch alle Zeiten und Räume gleich strukturierte anthropologische Grundkonstante, sondern nur in durchaus variablen Gestalten, die sich je nach Funktion und kulturellem Kontext der Praxis verändern.

3. Eine »zweite erste Gabe«: Paul Ricœur

Auf diese Beobachtungen Hénaffs greift Ricœur in *Wege der Anerkennung* zurück, und zwar vor einem bestimmten Hintergrund und mit einem bestimmten Anliegen. Direkt voraus gehen in seinem Buch Überlegungen zu Axel Honneths Theorie der Anerkennung, als deren besonders starke Seite Ricœur der Zugriff auf das Anerkennungsproblem von Erfahrungen von *Miss*achtung her erscheint (236). Er teilt grundsätzlich also durchaus Honneths Auffassung, dass das menschliche Streben nach Anerkennung eine starke konfliktive Komponente enthält. Aber er meldet – im Bezug auf die »Region des Geistes« (273), nicht im Blick auf eine politische Philosophie im strikten Sinn – Zweifel an, ob diese Perspektive allein ausreiche. »Löst sich das Verlangen nach emotionaler, rechtlicher und gesellschaftlicher Anerkennung wegen seines militanten, konfliktträchtigen Stils nicht in ein unbegrenztes Verlangen, eine Form des ›schlechten Unendlichen‹ auf? Diese Frage betrifft nicht nur die negativen Gefühle, den Mangel an Anerkennung, sondern auch die errungenen Fähigkeiten, die dergestalt einer unersättlichen Suche überlassen wären. Die Versuchung hier ist eine neue Form von ›unglücklichem Bewusstsein‹ in Gestalt eines unheilbaren Gefühls, Opfer zu sein, oder in Gestalt einer unermüdlichen Forderung nach unerreichbaren Idealzuständen.«(273) Ricœur möchte der Idee des Kampfes um Anerkennung deshalb die Vorstellung von»Friedenszuständen«an die Seite stellen, in denen sich die Beteiligten tatsächlich anerkannt fühlen, wenn auch in vorläufiger Weise.[15] Und solchen Gestalten realisierter Anerkennung begegnet er im Phänomen der Gabe.

Dieser Verbindung von Anerkennung und zeremoniellem Gabentausch nähert sich Ricœur mit der ihm eigenen Vorsicht und arbeitet sich zunächst an zwei kritischen Einwänden ab, was die Möglichkeit angeht,»Friedenszustände«realisierter Anerkennung mit Wechselseitigkeit, genauer: einer wechselseitigen Gabe, in Verbindung zu bringen. Der erste Einwand knüpft an den Begriff der»Friedenszustände«an, den Ricœur von Luc Boltanski übernimmt. Denn dieser nennt als profilierteste Form eines solchen»Friedenszustandes«die *agape*, die gerade keine Wechselseitigkeit kennt, weil ihr als einer Gabe im Überfluss jede Vorstellung von Äquivalenz fremd sei. Ricœur wird an der Möglichkeit der Wechselseitigkeit realisierter Anerkennung festhalten, Boltanskis Hinweis auf die Struktur der *agape* aber als kritisches Korrektiv in seine Überlegungen eintragen (276 f.).[16]

Der zweite kritische Einwand gegen eine Wechselseitigkeit realisierter Anerkennung bezieht sich auf das bereits erwähnte Grundproblem des Verhältnisses von Freiheit und Verpflichtung in Praktiken des Gebens. Ricœur reformuliert es als Paradoxie zwischen der Generosität des ersten Gebers und der Verpflichtung des Empfängers, die Gabe zu erwidern:»Das Paradoxon lautet: Wie wird der Empfänger der Gabe dazu verpflichtet, die Gabe zu erwidern? Und wenn er sie erwidern muss, um großzügig zu sein, wie hat dann die erste Gabe großzügig sein können? Anders gesagt: Ein Geschenk durch seine Erwiderung anzuerkennen, heißt das nicht, es als Geschenk zu zerstören? Ist die erste Geste des Gebens großzügig, so zerstört die zweite, die unter dem Zwang zur Gegengabe erfolgte, die Uneigennützigkeit der ersten. Der System-Theoretiker ordnet diesen unter der Hand wieder teuflisch gewordenen Kreis als *double bind* ein«

(286). Dieser *double bind* lässt sich Ricœur zufolge jedoch auflösen, wenn man zwischen der Ebene des *Austauschs* und der Ebene der *Gesten der Individuen* unterscheidet, zwischen einer Reziprozität »[réciprocité], die über unseren Köpfen kreist«, und einer »Wechselseitigkeit [mutualité], die zwischen uns zirkuliert« (288, vgl. auch 320 f.)[17]. »Reziprozität« bezeichnet folglich einfach jegliche Form von Austausch, sei es in Gestalt des Marktes, der Gabe, der Gerechtigkeit oder auch beispielsweise der Vergeltung. Den Begriff der »Wechselseitigkeit« reserviert Ricœur hingegen für diejenige partikuläre Form des Austausches, den die Gabe darstellt und der dadurch gekennzeichnet ist, dass die Partner eine wirkliche Verbindung miteinander eingehen. Beobachtet man nun unter dieser Prämisse, was zwischen Personen geschieht, die in einen Gabentausch eintreten, so lässt sich die Perspektive der »über den Köpfen kreisenden« Reziprozität vermeiden, wenn man das Risiko und die Generosität der ersten Gabe betont und die Gegengabe als eine Antwort versteht, die sich in die Fußspuren dieser Generosität begibt. Diese Antwort stellt dann keine Rückgabe im Kontext der Reziprozität dar, sondern hat im Kontext der Wechselseitigkeit und als Antwort auf die Großherzigkeit der ersten Gabe grundsätzlich die gleiche Gestalt wie diese. So bleibt in der Gegengabe etwas von dem »donner sans retour« der *agape* erhalten, dem Geben, das nichts zurückerwartet, und die Wechselseitigkeit einer Phänomenologie der Gabe lässt sich von der Reziprozität des ökonomischen Gabentauschs abgrenzen, der eine Zirkularität des Austausches gerade ohne eine Begegnung von Personen konstituiert. Ricœur spricht deshalb von der »zweiten Gabe« auch als einer »zweiten ersten Gabe«: »Unter dieser Perspektive müssten wir in der Verpflichtung zur Gegengabe die Verdopplung der ersten, auf Freigebigkeit beruhenden Gabe suchen, das Zurück-Geben wie eine zweite erste Gabe betrachten. Denn es ist die Ansteckung der ersten, freigebigen Gabe, die eine Schuld [dette] ohne Verpflichtung [obligation] und ohne Verschulden [faute] hervorbringt.«[18]

Das »Zwischen« der Personen in der Wechselseitigkeit im

Unterschied zur reinen Zirkulation von Gütern in der Reziprozität markiert in Ricœurs Augen zudem eine der Gabe eigentümliche Dialektik zwischen der Wechselseitigkeit der Beziehungen einerseits und der fundamentalen Nichtvertauschbarkeit der Positionen der Beteiligten andererseits. Dies hängt mit der Gestalt der Gabe zusammen, die in diesem Kontext gegeben wird: Wie Hénaff betont, handelt es ich dabei um Dinge, die symbolisch für den Geber selbst stehen. Eine solche »Gabe seiner selbst« macht aber ein Äquivalenzdenken von vornherein unmöglich – wenn jeder sich selbst gibt, sind die Gaben dann gleichwertig? – und akzentuiert, dass die Partner dieses Gabentausches jeweils als nicht vertauschbare Personen involviert sind. So tritt zur Wechselseitigkeit des Austauschs die Unverwechselbarkeit der Personen hinzu. Dadurch bildet diese Gestalt des Gebens weder einen einseitigen Akt noch Teil eines Vorgangs von äquivalenter Wechselseitigkeit.

In Ricœurs Augen bildet letztlich das *Empfangen* als »Haltepunkt« in der Bewegung des Austauschs das zentrale Moment. Denn das Empfangen ist es, das den Kreislauf von Gabe und Rück-Gabe auftrennt und aus ihm zwei einzelne Bewegungen macht: Die Bewegungen von Gabe und Empfangen sowie Gegengabe und Empfangen sind nicht aufeinander abbildbar, sie stellen nicht denselben Vorgang in den Varianten A und A' dar, ebenso wie die beiden Partner nicht vertauschbar sind: »Der eine ist nicht der andere; man tauscht Gaben, aber nicht den Platz« (324). Ob sich das Risiko der ersten Gabe »gelohnt« hat, ob das Angebot angenommen und die Anerkennung symbolisch erwidert werden wird, entscheidet sich an diesem Haltepunkt der Bewegung, den das Empfangen darstellt. Und damit rückt die Bedeutung der *Dankbarkeit* in den Blick, ist sie doch die typische Gestalt, die das Moment des Empfangens annimmt: »Letzten Endes ruht alles auf dem Mittelglied der Trias geben-empfangen-erwidern. [...] Die Dankbarkeit sorgt, indem sie sie auseinandernimmt und wieder zusammenfügt, für die Beziehung zwischen Gabe und Gegengabe. Sie stellt das Paar geben-empfangen auf die eine und das Paar empfangen-erwidern auf die andere Seite. Der Abstand, den sie zwischen die beiden Paare legt, ist im Vergleich zur Äquivalenz des Rechtsverhältnisses, aber auch zu der des Verkaufs ein Abstand der *Ungenauigkeit*« (303). Auf diesem Weg treibt Ricœur, der *Wege der Anerkennung* mit lexikalischen Untersuchungen zur Verwendung von *reconnaître* und *reconnaissance* begonnen hatte, gewissermaßen auch die Interpretation des lexikalischen Befundes bis ans Ende, wird doch in bestimmten Wendungen nicht nur die Anerkennung, sondern auch die Dankbarkeit als *reconnaissance* bezeichnet.

Wie steht nun, so fragt Ricœur schließlich im Rückgang auf seine Ausgangsthese, diese Gestalt der Anerkennung zum »Kampf um Anerkennung«? Einerseits, so lautet seine differenzierende Antwort, ermöglicht der Gabentausch im oben beschriebenen Sinn eine Erfahrung tatsächlich gelingender Anerkennung. Andererseits können die Anerkennungserfahrungen jedoch nicht mehr sein als »Lichtungen« im Kampf um Anerkennung. Denn »die Erfahrung der Gabe ist jenseits ihres symbolischen, indirekten, seltenen, ja Ausnahmecharakters nicht von der Last potentieller Konflikte zu trennen, die mit der produktiven Spannung zwischen Großherzigkeit und Verpflichtung zusammenhängen; diese aus der idealtypischen Analyse resultierenden Aporien bringt die Erfahrung der Gabe in ihre Koppelung mit dem Kampf um Anerkennung ein« (305 f.).

4. Ricœur, Hénaff und die Kontextualität des Gabedenkens

Ich habe bereits eingangs darauf hingewiesen, dass Marcel Hénaff an bisherigen Entwürfen zur Gabe vor allem ihre Kontextblindheit kritisiert. So sprechen Derrida und andere von »der« Gabe und greifen dabei – affirmativ oder kritisch – auf ethnologische Beobachtungen zur Gabe in vorstaatlichen Gesellschaften zurück. Hénaff zufolge handelt es sich bei diesen Gabepraktiken jedoch um symbolische Vorgänge öffentlicher wechselseitiger Anerkennung, die in dieser Form in modernen

111

Gesellschaften nicht mehr zu finden sind, denn in diesen wird zum Beispiel die Anerkennung als Bürger eines Staates über das Recht geleistet. So verliert die Gabe in der Moderne ihre Funktion als Medium öffentlicher Anerkennung und mutiert zu den uns vertrauten Gestalten von privaten, großzügigen Geschenken unter einander Nahestehenden, solidarischer Hilfeleistung für Notleidende und Ähnliches.[19] Eine Vermischung dieser verschiedenen Funktionen, Register oder Niveaus der Gabe hält Hénaff für einen schwerwiegenden gabetheoretischen Fehler: »Man kann diese Niveaus [der Gabe, V. H.] nicht kurzschließen, ohne eine Verwechslung zu riskieren. Man kann sich beispielsweise nicht auf die Formen des Austauschs von traditionellen Gaben beziehen (wie Mauss und eine Vielzahl von Anthropologen sie beschrieben haben), um die interpersonalen Beziehungen der Gegenwart zu verstehen und um zu versuchen, in ihnen eine identische Form von Generosität zu erkennen. Das ist eine Verwechslung der Genres. [...] Man kann nicht von Akteuren und ihren Tauschbeziehungen sprechen (wie es die Philosophen oft tun), als ob es sich um Akteure moderner Gesellschaften handelte und als ob diese Praktiken vorrangig als intersubjektive Erfahrungen zu verstehen wären.«[20]

In diese Kritik schließt Hénaff auch Ricœur ein, insbesondere im Blick auf seine Integration der Idee der *agape* in die Wechselseitigkeit einer »Gabe der Anerkennung«. Denn dadurch führt Ricœur in Hénaffs Augen durch die Hintertür die Unterstellung wieder ein, Reziprozität sei mindestens bis zu einem gewissen Grad »egoistisch«, weil sie etwas für sich zurückerwarte, und müsse durch eine Prise Selbstlosigkeit zumindest temperiert werden. Dies sei jedoch nur im Kontext der Gabe als einem *moralischen* Phänomen eine plausible Annahme. In den *zeremoniellen*, auf Anerkennung zielenden Gabentausch lasse sie sich hingegen nicht sinnvoll eintragen.

In meinen Augen macht jedoch Ricœurs Weiterführung von Hénaffs Überlegungen ein systematisches, vor allem auch theologisches Arbeiten mit der »Gabe« erst wirklich möglich. Denn Hénaff hat einerseits vollkommen Recht und den Finger in die

Wunde einer zum Teil grotesken historischen Naivität des Gabediskurses gelegt, wenn er eine Kontextualisierung der Rede von »der« Gabe fordert. Andererseits führt das aber dazu, dass, soweit ich sehen kann, bei Hénaff selbst die Frage bisher nicht klar beantwortet wird, ob sich auch im Kontext der Moderne eine Gestalt von *interpersonaler Anerkennung* denken lässt, die sich über einen symbolischen Gabentausch artikuliert.[21] Eben hier setzen Ricœurs Überlegungen ein, die deutlicher der Frage nachgehen, wie Gabeverhältnisse auch in der Moderne als solche der Anerkennung beschrieben werden können, und die deshalb die Vorstellung der »Gabe der Anerkennung« modifizieren. Ironischerweise sind also die von Hénaff inkriminierten Aspekte von Ricœurs Überlegungen meines Erachtens gerade der von Hénaff selbst so vehement eingeforderten Wahrnehmung der historischen und kulturellen Kontextualität der Gabe, ihrer Gestalt und Funktion geschuldet. Denn die Veränderungen, die Ricœur vornimmt, haben eben grundlegend damit zu tun, dass er Gabepraktiken in den Blick nimmt, die nicht mehr in weitgehend kodifizierter Weise zwischen Clans oder Stämmen vollzogen werden, sondern zwischen Einzelnen, die sich im Kontext einer modernen Gesellschaft in einer Weise als Personen verstehen, wie das für vormoderne Kontexte nicht anzunehmen ist.

Es ist dieser Blick auf Personen und ihre wechselseitige Anerkennung statt auf die Etablierung, Erhaltung und Darstellung von Sozialstrukturen, der Ricœurs Implementierung der *agape* in die Reziprozität motiviert. Hier braucht die Initialgabe »eine Prise *agape*«: eine Großzügigkeit, die mit der Anerkennung des anderen keine Verpflichtung, sondern einen Anruf formuliert. Dasselbe gilt für die Auftrennung der Reziprozität zur Wechselseitigkeit über den »Haltepunkt« des Empfangens: Die Dankbarkeit des Empfangenden zeigt, dass er die Gabe als Anerkennungsgeste verstanden hat und mit seiner Gegengabe seinerseits anerkennend auf diesen Anruf antwortet, statt einer Verpflichtung nachzukommen, deren Vernachlässigung ihm soziale Sanktionen eintragen würde. Diese Neuperspektivierung der

Gabe als Anerkennungsgeschehen ist gerade auch für die Theologie von eminenter Bedeutung.

5. Gabe und Anerkennung: eine vielversprechende theoretische Verbindung

Zunächst lässt sich nach dem Gesagten begründet vermuten, dass sich eine systematische Weiterarbeit an der Verbindung der Diskurse von »Gabe« und »Anerkennung« lohnt. Dabei könnte der Gabediskurs vom Anerkennungsdiskurs beispielsweise lernen, über bestimmte, inzwischen geradezu klassisch gewordene Alternativstellungen hinauszukommen (Ist die Gabe einseitig oder wechselseitig? Ökonomisch kalkulierend oder großzügig? Frei oder verpflichtend?), indem er sich in den weiteren Kontext der anerkennungstheoretischen Perspektive stellt. Umgekehrt ließe eine Implementierung des Gabediskurses auf Seiten des Anerkennungsdiskurses die konkreten Praktiken gelingender Anerkennung und die Medien und symbolischen Vermittlungen des Anerkennungsgeschehens deutlicher in den Blick treten. Freilich sind die theoretischen Verständigungswege hier noch weit und es müssten zunächst sehr grundsätzliche Klärungen geleistet werden.[22]

Was kann die Theologie gewinnen? Zunächst durch das Aufgreifen des Gabediskurses insgesamt dringend notwendige Differenzierungen und theoretische Sensibilisierungen im bisher zum Teil wenig reflektierten Umgang mit Begriff und Konzept der »Gabe«. Darüber hinaus kann die »Gabe« aber gerade in der Fassung von Hénaff und Ricœur als ein aufschlussreiches Modell für zentrale theologische Topoi dienen. Um nur einige Forschungsfragen zu nennen: Lässt sich mit ihrer Hilfe ein Verständnis von Wechselseitigkeit entwickeln, das die rechtfertigungstheologisch zentrale Frage nach der Einbezogenheit des Menschen in seine Erlösung neu zu bearbeiten erlaubt? Kann der theologisch so problematische und problematisierte Begriff des Opfers aus der Perspektive einer Theologie der Gabe neu beleuchtet und gegebenenfalls auch für die Eucharistietheologie neu fruchtbar gemacht werden? Was hieße es, schöpfungstheologisch »Gegebensein« als eine Grundstruktur der Wirklichkeit zu verstehen? Lässt sich Ver-Gebung unter der Perspektive der Gabe buchstabieren? Und welche Möglichkeiten ergäben sich, ein differenziertes Zu- und Ineinander von göttlichem und menschlichem Geben und Empfangen zu entwerfen (zum Beispiel im Blick auf Mt 25)?[23]

Schließlich lässt sich »mit Ricœur gegen Ricœur« sein Hinweis auf die nur fragmentarischen »Lichtungen« der Erfahrung von gelingender Anerkennung aufgreifen. Theologisch gesprochen spiegelt sich in ihrer Begrenztheit und Unvollkommenheit die Gebrochenheit der erbsündlich belasteten Schöpfung. Hier wird schmerzlich erfahrbar, dass die Vollendung des Heils noch aussteht. Dennoch und gerade deshalb stellen die »Lichtungen« aus theologischer Sicht nicht einfach »Ausnahmen« von einer düsteren Regel dar, sondern lassen vielmehr den Grund aufleuchten, auf dem wir zutiefst stehen: den Urgrund der geschenkten Anerkennung, den christliche Theologie als umfassendes Geschehen von Schöpfung, Erlösung und Vollendung beschreibt; eines Anerkennungsgeschehens, in dem Gott nicht nachlässt in seiner Initiative einer »ersten Gabe« und uns die Möglichkeit schenkt, uns mit unserem antwortenden Geben in den Raum seiner Anerkennung hineinzustellen.

Anmerkungen

[1] Der folgende Text greift zurück auf Überlegungen und zum Teil Formulierungen aus V. Hoffmann, *Skizzen zu einer Theologie der Gabe. Rechtfertigung – Opfer – Eucharistie – Gottes- und Nächstenliebe*, Freiburg 2013.
[2] Vgl. für einen ersten Überblick über die Debatte V. Hoffmann, »Ambivalenz des Gebens. Das Phänomen der Gabe aus philosophischer und theologischer Perspektive«, in: *Herder Korrespondenz* 63 (2009) 304–308.
[3] Vgl. P. Bourdieu, *Praktische Vernunft. Zur Theorie des Handelns*, Frankfurt 2004, 161–200.

⁴ M. Mauss, *Essai sur le don. Forme et raison de l'échange dans les sociétés archaïques*, Paris 1950; dt.: *Die Gabe. Form und Funktion des Austauschs in archaischen Gesellschaften*, 2. Aufl., Frankfurt 1994.

⁵ »Für die Anthropologie hat Mauss' *Essai* viele Merkmale eines heiligen Textes angenommen: Er wird mit ehrfürchtiger Scheu behandelt, der größere Teil seiner Lehren wird ignoriert und er wird als *fons et origo* für durchaus divergierende theoretische Positionen in Anspruch genommen.«: J. Parry, »*The Gift*, the Indian Gift and the ›Indian Gift‹«, in: *Man, New Series 21* (1986) 453–473, hier 455. Zur Rezeption von Mauss' Werk vgl. St. Moebius und Ch. Papilloud (Hg.), *Gift – Marcel Mauss' Kulturtheorie der Gabe*, Wiesbaden 2006; St. Moebius, »Von Mauss zu Hénaff. Eine kleine Wirkungsgeschichte des *Essai sur le don*«, in: *WestEnd. Neue Zeitschrift für Sozialforschung 7* (2010) 68–80.

⁶ Vgl. zum Folgenden M. Hénaff, *Der Preis der Wahrheit. Gabe, Geld und Philosophie*, Frankfurt 2009, 166–240.

⁷ Vgl. J. Derrida, *Falschgeld*, München 1993 (Zeit geben; 1) und die Kritik bei M. Hénaff, *Le don des philosophes. Repenser la réciprocité*, Paris 2012, 25–54.

⁸ Vgl. zur Terminologie H. Joas, »Die Logik der Gabe und das Postulat der Menschenwürde«, in: Ch. Gestrich (Hg.): *Gott, Geld und Gabe. Zur Geldförmigkeit des Denkens in Religion und Gesellschaft*, Berlin 2004 (Beiheft zur Berliner theologischen Zeitschrift), 16–31, hier 18. Bezüglich des ersten Fehlverständnisses spricht Hénaff (und die Darstellung, soweit sie seiner Terminologie folgt) nicht von »moralistisch«, sondern häufig von »moralisch«. Eine solche weitgehende Gleichsetzung von »moralisch« und »selbstlos« wäre aus Sicht der Ethik als erhebliche Verkürzung zu kritisieren. Für den Hinweis danke ich Christof Mandry.

⁹ »Ich werde eine Handlung dann zeremoniell nennen, wenn sie 1. öffentlich ist, 2. unter Beachtung bestimmter Formen durchgeführt wird und wenn sie 3. soziologische, religiöse oder magische Bedeutung besitzt und Verpflichtungen mit sich bringt.« B. Malinowski, *Argonauten des westlichen Pazifik. Ein Bericht über Unternehmungen und Abenteuer der Eingeborenen in den Inselwelten von Melanesisch-Neuguinea*, 4. Aufl., Eschborn bei Frankfurt 2007, 128 Anm., zit. M. Hénaff, »Anthropologie der Gabe und Anerkennung. Ein Beitrag zur Genese des Politischen«, in: *Journal Phänomenologie 32* (2009) 7-19.

¹⁰ M. Hénaff, *Der Preis der Wahrheit*, 178.

¹¹ Hénaff weist immer wieder darauf hin, dass es sich in diesem Kontext in der Regel nicht um nützliche Gebrauchsobjekte, sondern um »Luxusgüter« wie Schmuck oder festliche Speisen handelt. Vgl. M. Hénaff, »De la philosophie à l'anthropologie. Comment interpréter le don? Entretien avec Marcel Hénaff«, in: *Esprit 282* (2002) 135–158, hier 144.

¹² Ebd., 143.

[13] M. Hénaff, *Der Preis der Wahrheit*, 215. Übersetzung modifiziert.

[14] M. Hénaff, »Die Welt des Handels, die Welt der Gabe. Wahrheit und Anerkennung«, in: *WestEnd. Neue Zeitschrift für Sozialforschung* 7 (2010) 81–90, hier 84.

[15] Vgl. ebd., 273 f. Diese Kritik an Honneth wird freilich dadurch mindestens relativiert, dass Honneth selbst seit dem Erscheinen von *Wege der Anerkennung* seine Theorie im Blick auf das Verhältnis von Kampf und Anerkennungserfahrungen umakzentuiert und dabei seinerseits die Anerkennungs- den Missachtungserfahrungen vorgeordnet hat. Vgl. A. Honneth, *Unsichtbarkeit. Stationen einer Theorie der Intersubjektivität*, Frankfurt 2003 und *Verdinglichung. Eine anerkennungstheoretische Studie*, Frankfurt 2005, sowie T. Bedorf, *Verkennende Anerkennung. Über Identität und Politik*, Frankfurt 2010, 66–70.

[16] Mit Bezug auf L. Boltanski, *L'amour et la justice comme compétences. Trois essais de sociologie de l'action*, Paris 1990. Dem Verhältnis von Überfluss und Äquivalenz, Liebe und Gerechtigkeit hatte sich Ricœur zuvor bereits u. a. in seinem gleichnamigen Büchlein gewidmet: P. Ricœur, *Liebe und Gerechtigkeit / Amour et justice*, Tübingen 1990.

[17] Im vor *Wege der Anerkennung* erschienenen Text Phänomenologie der Anerkennung ist die »réciprocité« im Unterschied zur »mutualité« mit »Reziprozität« übersetzt, sodass sich im Deutschen eine schwankende Begrifflichkeit ergibt. Hier wird außer in den Zitaten der dem Gemeinten assoziativ näher liegende Begriff der »Reziprozität« verwendet.

[18] P. Ricœur, »Phénoménologie de la reconnaissance – Phänomenologie der Anerkennung«, in: S. Orth und P. Reifenberg (Hg.), *Facettenreiche Anthropologie. Paul Ricœurs Reflexionen auf den Menschen*, Freiburg 2004, 138–159, hier 159. Übersetzung modifiziert.

[19] Vgl. M. Hénaff, *Anthropologie;* »Gift, market, and social justice«, in: R. Gotoh und P. Dumouchel (Hg.), *Against injustice. The new economics of Amartya Sen*, Cambridge 2009, 112–139; *Le don des philosophes*, 80–88.

[20] M. Hénaff, *Le don des philosophes*, 229 f.

[21] Vgl. die drei »Sphären der Anerkennung«, die Hénaff (in: M. Hénaff, *Anthropologie*) entwickelt und die keine befriedigende Antwort auf die Frage bieten.

[22] Wie grundlegend hier die Verständigungsschwierigkeiten noch sind, zeigt beispielsweise die kritische Auseinandersetzung Axel Honneths mit Hénaffs Entwurf: vgl. A. Honneth, »Vom Gabentausch zur sozialen Anerkennung. Unstimmigkeiten in der Sozialtheorie von Marcel Hénaff«, in: *WestEnd. Neue Zeitschrift für Sozialforschung* 7 (2010) 99–110, zur Kritik an Honneths Lesart von Hénaff: V. Hoffmann, *Skizzen zu einer Theologie der Gabe*, 259–264.

[23] Einige dieser Fragestellungen sind bearbeitet in: V. Hoffmann, *Skizzen zu einer Theologie der Gabe*. Als bedeutsame gabetheologische Ansätze

(zum Teil vor etwas anderem theoretischem Hintergrund) wären zudem die Studien von Bo K. Holm, Risto Saarinen, Christine Büchner, Magdalene Frettlöh und Oswald Bayer zu nennen. Vgl. unter anderem B. K. Holm, *Gabe und Geben bei Luther. Das Verhältnis zwischen Reziprozität und reformatorischer Rechtfertigungslehre*, Berlin 2006; R. Saarinen, *God and the gift. An ecumenical theology of giving*, Collegeville [Minn] 2005; Ch. Büchner, *Wie kann Gott in der Welt wirken? Überlegungen zu einer theologischen Hermeneutik des Sich-Gebens*, Freiburg 2010; M. Frettlöh, »Der Charme der gerechten Gabe. Motive einer Theologie und Ethik der Gabe am Beispiel der paulinischen Kollekte für Jerusalem«, in: J. Ebach (Hg.), »*Leget Anmut in das Geben«. Zum Verhältnis von Ökonomie und Theologie*, Gütersloh 2001 (Jabboq; 1) 105–161; O. Bayer, »Ethik der Gabe«, in: V. Hoffmann (Hg.), *Die Gabe – ein »Urwort« der Theologie?*, Frankfurt 2009, 99–123.

Das kleine Wunder des Anerkennens

Paul Ricœurs Anerkennungsbegriff als Denkhilfe für den Anerkennungsbegriff in der Ökumene

Pascale Jung

Das Wort »Anerkennung« ist neben der Bedeutung, die der Begriff im theologischen Denken und Reden an sich hat, auch und besonders in der Ökumene ein wichtiger Begriff. Dabei kann sich Anerkennung auf eine Kirche als Ganze beziehen, das bedeutet dann, dass die Kirche selbst als Kirche Jesu Christi, also in ihrer Kirchlichkeit, anerkannt wird; sie kann aber auch einen bestimmten Bereich im Blick haben, über den entweder in den ökumenischen Gesprächen noch Uneinigkeit herrscht oder dessen gegenseitige Akzeptanz schon offiziell ausgedrückt wurde. In besonderer Weise handelt es sich in diesem Zusammenhang um die Frage der Anerkennung der Taufe, der Anerkennung als Kirche, um die Anerkennung des päpstlichen Primats und um die Anerkennung des Amtes.

Im Blick auf die Themen innerhalb der ökumenischen Frage hat der Begriff also eine hohe Relevanz, die 1980 schon der langjährige Direktor des Instituts für Ökumenische Forschung in Straßburg, Harding Meyer, hervorgehoben hat. Harding Meyer war es auch, der den Begriff der Anerkennung einen »ökumenischen Schlüsselbegriff« nannte, der, wie er sagt, »seit langem integraler Bestandteil ökumenischen Denkens und ökumenischer Terminologie«[1] ist. Zugleich hat Harding Meyer schon vor mehr als dreißig Jahren die Notwendigkeit einer gründlichen historischen und systematischen Untersuchung angeregt.

Eine einschlägige Untersuchung zum Begriff gibt es jedoch bis heute immer noch nicht. Dabei ist der Begriff der Anerkennung sehr vielfältig und beim Vergleich unterschiedlicher ökumenischer Texte zeigt sich, dass mit der Verwendung des Wortes nicht immer das gleiche gemeint ist. Dennoch wird bislang innerhalb der Ökumene das Thema entweder so angegangen, als würde bereits Einigkeit darüber bestehen, was der Begriff bedeutet, oder die unterschiedlichen Auffassungen werden zwar gesehen, deren Klärung aber nicht angegangen.

Im Folgenden steht zuerst ein kurzer Überblick über die Bedeutungsvariationen des Anerkennungsbegriffs im Bereich der lutherisch-katholischen Ökumene im Mittelpunkt. Die Beschränkung auf die in lutherischer Tradition stehenden Kirchen ist dabei notwendig angesichts der Unterschiedlichkeit der Positionen und Situationen innerhalb der einzelnen reformatorischen Gemeinschaften.

In einem zweiten Schritt soll gezeigt werden, welchen Beitrag der Anerkennungsbegriff Paul Ricœurs in diesem Zusammenhang leisten kann und welcher Mehrwert sich daraus ergibt, sich auf die Weite des von Ricœur vorgeschlagenen Weges zu begeben.

I. Die Problematik des Anerkennungsbegriffs in der Ökumene

Das Wort beziehungsweise der Begriff »Anerkennung« findet sich vielfältig in den unterschiedlichsten ökumenischen Texten, unter anderem in fachtheologischen Lexika, in Dokumenten der Kommission für Glauben und Kirchenverfassung (Faith and Order), in Texten der lutherischen Kirchen zur Ökumene, in Texten der katholischen Kirche zur Ökumene, in Dokumenten des katholisch-lutherischen Dialogs und in unterschiedlichen Texten verschiedener Autoren. In den allermeisten Fällen handelt es sich bei den Dokumenten nicht um eine explizite Analyse des Anerkennungsbegriffs, vielmehr wird Anerkennung darin oft nur nebenbei erwähnt oder verwendet. Zudem fällt auf, dass in den meisten englischsprachigen ökumenischen Texten eine Unterscheidung zwischen »recognition« und »mutual recognition« gemacht wird. Beide Begriffe können im Deutschen mit »Anerkennung« übersetzt werden, jedoch intendiert nur der zweite Begriff eine gegenseitige beziehungsweise wechselseitige Anerkennung, an der beide oder mehrere Partner beteiligt sind. Dies macht es oftmals schwierig zu unterscheiden, welche Art der Anerkennung im jeweiligen Text konkret gemeint ist. Auch wird nur selten eine Unterscheidung zwischen der Anerkennung von Personen und der Anerkennung von Sachverhalten gemacht. Da die philosophischen Konzepte von Anerkennung meistens von Personen ausgehen, die anerkannt werden, stellt sich natürlich die Frage, in welcher Weise im theologischen Raum von Anerkennung gesprochen werden kann. Kann also Anerkennung in der Ökumene nur als Anerkennung von Dingen oder Sachverhalten betrachtet werden, gleich der Anerkennung eines Schulabschlusses oder der Anerkennung als Asylbewerber, nach Prüfung der Unterlagen? Dann wäre Anerkennung im ökumenischen Bereich eine reine Frage der Wahrheit, eine Frage, nach »richtig oder falsch«, oder nach der Einhaltung bestimmter Kriterien. Da es bei jeder Anerkennung von Sachverhalten letztendlich auch gleichzeitig um die Anerkennung von Personen geht, die diese Themen vertreten, scheint es, dass die Trennung von Person und Sache gerade im Feld der Religion nicht oder nur schwer zu vollziehen ist.

Eine weitere Fragestellung ergibt sich dahin gehend, ob Anerkennung nur zwischen einzelnen Menschen gedacht werden kann oder ob, und in welcher Weise, der Begriff auf den gesellschaftlichen Bereich übertragen werden darf. Können also auch Gemeinschaften anerkannt werden beziehungsweise anerkennen?

Paul Ricœur hat in *Wege der Anerkennung* auf den Kampf um Anerkennung der Identität auf kollektiver Ebene[2] und die Verwicklung von Identität und Gemeinschaft, wie sie vor allem von Charles Tayler vertreten wird, hingewiesen (267 ff.). Demnach ist jeder Mensch in sozialen Gemeinschaften eingebunden und entwickelt aus diesen heraus seine personale Identität. Eine Anerkennung von Gemeinschaften ist nach Ricœur also möglich und hat immer auch eine Auswirkung auf das Individuum.

121

II. Verschiedene Modi der Anerkennung

Aus den unterschiedlichen ökumenischen Texten, Dokumenten und Veröffentlichungen lassen sich durch die Frage, in welchem Zusammenhang die Dokumente und Schriften von Anerkennung sprechen, was anerkannt werden soll, warum eigentlich anerkannt werden soll und welche Methoden, Schritte oder Bedingungen im Dokument genannt werden, unterschiedliche Modi von Anerkennung herauslesen.

Meist wird angenommen[3], dass im evangelischen Bereich eine Anerkennung vornehmlich durch die Anerkennung von Eigenständigkeit, Identität und Unterschiedlichkeit erreicht wird. Im katholischen Bereich wird Anerkennung dagegen eher mit Identifizierung, mit Gemeinsamkeiten und dem Finden von Übereinstimmungen gleichgesetzt.[4] Es gibt meines Erachtens einige Ausnahmen, so zum Beispiel der katholische Theologe Heinrich Fries, der in seinen Texten zur Anerkennung die Andersheit des Anderen stark betont.[5] Auch interessant sind die Aussagen in den Texten von Faith and Order. Die Kommission für Glauben und Kirchenverfassung ist zwar in den Ökumenischen Rat der Kirchen integriert, weist aber eine Besonderheit auf: Während die katholische Kirche dem ÖRK nicht als Mitgliedskirche beigetreten ist, gehört seit 1968 eine Gruppe katholischer Theologen der Kommission für Glauben und Kirchenverfassung als offizielle Mitglieder an. Das heißt, an den Texten, die seitdem als Studiendokumente und Erklärungen herausgegeben wurden, aber auch an der letzten Weltkonferenz in Santiago de Compostella 1993 waren katholische Theologen beteiligt.

Neben diesen beiden Modi der Anerkennung finden sich zwei weitere Unterscheidungen. Einmal der Anerkennungsbegriff der Groupe des Dombes aus Frankreich, der sich als »Anerkennung durch Versöhnung« beschreiben lässt. Zum anderen favorisiert der finnische Theologe Risto Saarinnen, wenn es um die Anerkennung in der Ökumene geht, eine Mischform zwischen einer rationalen Anerkennung von Übereinstimmungen einerseits und einer Anerkennung von Identität und Eigenständigkeit andererseits durch einen donativen Akt, einen Gaben-tausch.[6] Für die vier unterschiedlichen Modi im Folgenden je ein Beispiel.

1. Anerkennung von Übereinstimmungen (Identifizierung)

Joseph Ratzinger hat sich in den siebziger Jahren mehrmals in Aufsätzen mit den Voraussetzungen und Implikationen von An-erkennung beschäftigt; dies vornehmlich im Zusammenhang mit der Frage der Anerkennung der *Confessio Augustana (CA)*.

Die *Confessio Augustana*, von Philipp Melanchthon 1530 verfasst, in der Absicht, die drohende Kirchenspaltung durch eine Darstellung des gemeinsamen Glaubensgutes abzuwenden, war ein grundlegendes Bekenntnis der lutherischen Reichs-stände zu ihrem Glauben. In den lutherischen Kirchen gehört sie noch heute zu den verbindlichen Bekenntnisschriften. Seit 1975 wurde die Frage einer Anerkennung der *Confessio Augus-tana* sowohl von katholischer wie auch von lutherischer Seite diskutiert.

Für Ratzinger ist die Differenzierung zwischen Glaubens-wahrheiten und geschichtlich gewordenen Traditionen der Schlüssel, durch den eine Anerkennung geschehen kann. Han-delt es sich nach theologischem Urteil um eine Glaubenswahr-heit, gibt es für ihn keine andere Möglichkeit, als sich »um die Bekehrung des jeweiligen Partners zu bemühen«. Hier gibt es für ihn keine Anerkennung. Wo der Wahrheitsanspruch aber nicht »zwingend und unverrückbar«[7] ist, darf er seines Erach-tens auch nicht einfach erhoben werden.

Handelt es sich also um eine geschichtlich gewordene Tradi-tion, geht es nicht darum, zu fragen, ob das zu Prüfende dogma-tisch einwandfrei die zulässige Wiedergabe der katholischen Lehre ist, schon aber, ob es vereinbar mit dem katholischen Glauben ist.

Ratzinger fordert daher einen geistlichen Prozess in den Kir-chen, der Zeit zum Reifen und zur Selbstfindung gibt, der aber auch neue Entscheidungen von beiden Seiten verlangt. Hinsichtlich der Anerkennung der *Confessio Augustana* hat das Ratzinger so formuliert: Anerkennung der *CA* wäre »weit mehr als ein bloß theoretisch-theologischer Akt, der unter Historikern und Kirchenpolitikern ausgehandelt wird. Es würde vielmehr eine konkrete geistliche Entscheidung und insofern ein wirklich neuer geschichtlicher Schritt auf beiden Seiten sein. Er würde bedeuten, dass die katholische Kirche in den hier gegebenen Ansätzen eine eigene Form der Verwirklichung des gemeinsamen Glaubens mit der ihr zukommenden Eigenständigkeit annähme. Er würde umgekehrt von reformatorischer Seite her bedeuten, diesen vielfältiger Auslegung fähigen Text in der Richtung zu leben und zu verstehen, die zuerst ja auch gemeint war: in der Einheit mit dem altkirchlichen Dogma und mit seiner kirchlichen Grundform. Er würde also insgesamt bedeuten, dass die offene Frage nach der Mitte der Reformation in einem geistlichen Entscheid in Richtung einer katholisch gelebten CA gelöst und das Erbe von damals unter dieser Hermeneutik gelebt und angenommen wurde.«[8]

Anerkennung darf für Ratzinger also – da, wo sie für ihn überhaupt in Frage kommt – nicht nur unter Wissenschaftlern und Offiziellen ausgehandelt werden. Er betrifft die Kirche als solche und muss auf allen Ebenen vorbereitet und akzeptiert werden. Das Ende eines solchen Prozesses wäre dann ein offizieller Akt, der das theologisch Mögliche kirchlich festschreibt.

2. Anerkennung von Identität und Eigenständigkeit/Verschiedenheit

Harding Meyer kann, wie schon erwähnt, als Vater des Gedankens der »Anerkennung als Schlüsselbegriff« für die Ökumene bezeichnet werden. Meyer stellt in seinem Aufsatz von 1980 fest, dass der Anerkennungsbegriff »seit langem integraler Bestandteil ökumenischen Denkens und ökumenischer Terminologie« ist und als »eine spezifische Form und Art positiven zwischenkirchlichen Verhältnisses« bezeichnet werden kann. Dabei beziehe sich der Begriff oft auf Einzelelemente im Leben und in der Gestalt der Kirche, wie zum Beispiel Amt oder Taufe. Trotz der Verwendung des Begriffs im Hinblick auf Einzelfragen stellt er fest, dass der Gedanke und Begriff der Anerkennung letztlich aber auf die Kirche als ganze tendiere.

Anerkennung sei ihrem Charakter nach »primär ein geistlich-theologisches Urteil«, »das dem anderen bzw. der anderen Kirche gerade in ihrer Besonderheit – Legitimität und Authentizität zuerkennt.«[9] Dabei sei die Frage der Legitimität für Anerkennung im ökumenischen Bereich schlechthin grundlegend und ein erster Schritt.[10] Beim Gebrauch des Begriffs werde unterschieden zwischen dem absoluten Gebrauch von Anerkennung (immer mit der Präzisierung »als«) und einer »elliptischen Redeweise«[11], die keine Verpflichtungen oder Voraussetzungen nennt, die zur Anerkennung notwendig wären.

Anerkennung kann laut Meyer gestuft, das heißt in Teilschritten, erfolgen. Neben dem wechselseitigen geistlich-theologischen Urteil zur Legitimität der Anerkennung hält Meyer eine »historisch-theologische Feststellung« für notwendig. Am Beispiel der *Confessio Augustana* würde das zum Beispiel bedeuten, dass die *CA* als »Maßstab und entscheidender hermeneutischer Schlüssel für ›das Reformatorische‹ anerkannt wird«. Dem anschließen würde sich ein »dogmatisch-ekklesiologisches Urteil«, in dem die »katholische Kirche zum Ausdruck bringen würde, dass das zentrale Bekenntnis der heutigen lutherischen Kirchen ein gültiges Bekenntnis des christlichen Glaubens darstellt und dass eine Kirche, in der dieses Bekenntnis zentrale und verbindliche Geltung hat, Kirche Jesu Christi ist«. Der letzte Schritt wäre dann eine »ökumenisch-ekklesiale Entscheidung«, »die Verwirklichung voller kirchlicher Gemeinschaft«[12].

Anerkennen heißt für Meyer »nicht ›rezipieren‹, ›übernehmen‹, ›sich aneignen‹, ›sich zu eigen machen‹«, sondern »das Anderssein des anderen als legitim zu erkennen und zu bejahen, ohne es darum für sich selbst zu übernehmen und damit in seinem Anderssein aufzuheben«.[13] Daher darf der Begriff der Anerkennung Meyer zufolge nicht durch den der Rezeption ersetzt werden.

3. Anerkennung durch Versöhnung

Die Groupe des Dombes ist eine ökumenische Arbeitsgemeinschaft, der katholische, reformierte und lutherische Theologen angehören. Die 1937 von Abt Paul Couturier und Abt Laurent Rémillieux gegründete Gruppe, der immer 40 französisch sprechende Theologen, je zwanzig evangelische und römisch-katholische, angehören, trifft sich jedes Jahr, um gemeinsam über den Stand der ökumenischen Diskussion zu beraten. Die Groupe des Dombes hat ihren Namen von der Abtei Notre-Dame des Dombes bei Lyon. Die Groupe des Dombes hat Texte zu wichtigen ökumenischen Fragen veröffentlicht, unter anderem zur Ämterfrage, zur Frage nach den Sakramenten und zur Frage nach der Identität der Kirchen im Vollzug der Kirchengemeinschaft. »Alle diese Dokumente durchzieht als Leitmotiv die Aufforderung zur ›Metanoia‹, zur Umkehr oder Bekehrung, und zwar auf dem Gebiet der Ekklesiologie, im Kirchenverständnis.«[14]

Wechselseitige Anerkennung wird von der Groupe des Dombes als abschließender Schritt von Versöhnung betrachtet. Dem voraus gehen muss die Erkenntnis, dass bei jeder Kirche Anlass zum Umdenken und zur Umkehr besteht und dass sich »alle Kirchen einzeln und gemeinsam immer neu ihrem Herrn Jesus Christus zuwenden und so eine Konversion vollziehen«[15]. »Diese gegenseitige Anerkennung der christlichen Identität bringt sie gemeinsam zur Anerkennung ihrer gemeinsamen kirchlichen Identität«[16]. Dabei werden laut der Gruppe die Konversionen »asymmetrisch« sein, da die voneinander verschiedenen Kirchen jeweils andersartige »Schwächen« haben.[17]

Als Beispiel für die Anerkennung des Amtes nennt die Gruppe in ihrem Dokument »Für eine Versöhnung der Ämter«[18] folgende Konversionen: Dabei würde die katholische Seite mittels eines »ordentlichen Zeichens« die »Dauerhaftigkeit des in den

Kirchen der Reformation entstandenen Amtes« anerkennen und »sichtbar zum Ausdruck«[19] bringen. Die protestantische Seite wiederum würde die »Bedeutung der Ordination« hervorheben und sich verpflichten, »den Unterschied der Charismen zwischen ordiniertem Amt und universalem Priestertum«[20] nicht zu verschleiern. Im Hinblick auf die apostolische Sukzession würde die protestantische Seite anerkennen, dass sie »zwar nicht außerhalb der apostolischen Sukzession« steht, »wohl aber die Fülle des Zeichens dieser Sukzession«[21] entbehrt.

4. Anerkennung als Mischform von Übereinstimmung und Verschiedenheit

Der finnische Ökumeniker Risto Saarinnen, Professor für ökumenische Theologie an der Universität Helsinki, beschäftigt sich seit einigen Jahren mit der Frage der Gabe im Bereich der Lutherforschung und der Ökumene.

In einem Beitrag zu einem Treffen ökumenischer Theologen 2012 hat sich Risto Saarinnen in einem Vortrag mit dem Titel »Anerkennungstheorien und ökumenische Theologie« mit dem Begriff der Anerkennung beschäftigt.[22] Zuerst verweist Saarinnen darin auf die älteren ökumenischen Diskussionen zum Anerkennungsbegriff. Saarinnen zeigt den komplexen Charakter des Anerkennungsverfahrens und die Probleme auf, die die beiden Positionen der Anerkennung der Verschiedenheit und der Anerkennung der Übereinstimmungen haben.

Im Modell der Verschiedenheit liege das Problem darin, »dass die Kirchen ihre alten Gestalten nicht zu verändern brauchen, wenn sie nur das tatsächliche Anderssein des Partners leichtsinnig anerkennen«.[23] Wenn dagegen die Anerkennung durch Übereinstimmung bestimmt wird, brauche nicht das Anderssein des anderen anerkannt zu werden, vielmehr bleibe die Übereinstimmung mit der eigenen Position das entscheidende Kriterium.

In einem zweiten Schritt blickt Saarinnen auf die philosophischen Überlegungen zum Anerkennungsbegriff der neunziger Jahre. Neben Alex Honneth, Charles Taylor und Emanuel Levinas erwähnt er auch Paul Ricœur, um auf dessen Idee des gegenseitigen Gabentauschs, die er im Rückgriff auf Marcel Hénaff entwickelt hat, seine eigene Theorie aufzubauen.[24]

Saarinnen selbst bezeichnet seine eigene Anerkennungstheorie als »analytische Weiterführung«, die sowohl von Ricœur und Hénaff als auch von Harding Meyer inspiriert sei. Er unterscheidet zwischen der Theorie der »adäquaten Würdigung«, die den Grundgedanken Arto Laitinens und Honneths folgt und der Theorie des Gabentausches, die sich an Hénaff und Ricœur anschließt. Die Sicht der Anerkennung von Übereinstimmungen und die Sicht der Anerkennung von Verschiedenheit findet sich auch bei Honneth, der zwischen einem Wahrnehmungsmodell (Wertrealismus, der nur die eigenen Ideale widerspiegelt) und einem Attributionsmodell (einem Subjekt eine neue Eigenschaft zusprechen) unterscheidet.

Saarinnens Theorie basiert darauf, die beiden Modelle der adäquaten Würdigung und des Gabentauschs zusammen und neu zu denken. Die Anerkennung brauche seiner Meinung nach beide Positionen: die rational ökonomische Anerkennung, die aus Verhandlung hervorgeht, sich gut für die *Anerkennung von Sachen* und messbaren Leistungen eignet[25], die Gemeinsamkeiten und Übereinstimmungen sucht und durch Verhandlungen Lösungen findet, und die donative Anerkennung, die sich aus dem Mehrwert der Gabe speist, der ein bestimmtes Wohlwollen und eine unmittelbare Akzeptanz zugrunde liegt und bei der es um die unmittelbare *Anerkennung der Person* geht.

Erst der donative Akt des Schenkens aber überbrückt die Differenz und die Distanz, erkennt die Person innerhalb eines Prozesses an und kehrt damit die Dialektik von »Herr« und »Knecht« um. Dabei betont Saarinnen, dass die Gabe als »Akt des Schenkens« nicht nur einfach ein »Akt der Würdigung« sei, sondern sozusagen mit dem Akt ein »neues Kapitel« eingeläutet würde.

III. Ricœurs Begriff der Anerkennung und seine Bedeutung für die Ökumene

»Wie kann man die originäre Asymmetrie mit der Wechselseitigkeit zusammendenken, um dem Verdacht entgegenzutreten, diese Asymmetrie untergrabe von innen her das Vertrauen in die mit dem Anerkennungsprozess verbundene Versöhnungsmacht?« (324)

Was Paul Ricœur in seinem Buch *Wege der Anerkennung* schreibt, scheint auch eine gute Fragestellung für die Ökumene zu sein. Wie kann Versöhnung und Anerkennung angesichts der Verschiedenheit der Kirchen und kirchlichen Traditionen zusammengedacht werden? Welchen Weg müssen die Kirchen gehen? Wie kann die eigene Identität bei gleichzeitigem Aufeinander-Zugehen gewahrt bleiben?

Die Weite, die der Anerkennungsbegriff Ricœurs durch den Rückgriff auf die Semantik und die darin gefundene »geregelte Polysemie« hat, die darin enthaltene Bahn vom aktivischen zum passivischen Gebrauch[26], die sich auch in der philosophischen Verwendung des Wortes wiederfindet[27] und die Bedeutungskette aus Für-wahr-Halten, Einräumen, Gestehen, Verpflichten und Danken weitet die Möglichkeit der Interpretation der ökumenischen Anerkennung und gibt gleichzeitig eine Hermeneutik vor, in der sich sowohl Befürworter einer Anerkennung von Übereinstimmungen als auch Vertreter einer Anerkennung von Identität und Eigenständigkeit wiederfinden können. Ricœurs Anliegen ist es gerade, den Anderen in seiner Andersheit anzuerkennen und sich gleichzeitig als verantwortliches, handelndes Subjekt zu erkennen, da gerade in diesem Anliegen die Beteiligten in wechselseitiger Anerkennung zu einer Gewissheit ihrer eigenen Identität gelangen.

Anerkennung beruht nach Ricœur auf drei miteinander in Beziehung stehenden Handlungen: einem Akt der »reconnaissance«, der durch Identifizieren und Wahr-nehmen gekennzeichnet ist; einem Akt des Sich-selbst-Erkennens und des Wie-

der-Erkennens des Anderen; einem Akt der wechselseitigen Anerkennung auf der Grundlage von Gabe und Dankbarkeit.
Innerhalb des Dreischritts Identifizieren, Sich-selbst-Erkennen und Wechselseitige Anerkennung sind meines Erachtens folgende Überlegungen besonders relevant.

1. Identifizieren

Das Identifizieren hat viel mit dem Anerkennungsdenken der Ökumene zu tun. Umso hilfreicher scheint mir Ricœurs Begriff des In-der-Welt-Seins, der vom »Würgegriff des Vorstellungsdenkens«[28] befreit, die Bedeutung der Veränderung ebenso berücksichtigt wie die eigene ausgelebte und erlebte Zeit (83 ff.). Während im Begriff der Vorstellung konkrete Objektivitätskriterien für die Verknüpfung unter den Bedingungen der Zeit zur Identifizierung führen, geht es der Philosophie des In-der-Welt-Seins um die »Vielfalt der Seinsweisen, in denen die Dinge der Welt auftreten« (88). Das »In-der-Welt-sein« macht Platz für das Missverstehen, das Nichtverstehen. Wiedererkennen ist geistige Arbeit, muss dem »Unkenntlichgewordenen« abgetrotzt werden, muss identifizieren ohne die Gewissheit der Wahrheit als Kriterium zu haben.

Reconnaissance als Identifizieren ist nach dieser Betrachtungsweise gebunden an Veränderung und die Fähigkeit, ein in der Zeit verändertes Ding oder einen Menschen wiederzuerkennen. Weder Descartes noch Kant beachten nach Ricœur das Moment der Zeit, die das Erkennen erschwert, ja die dazu führen kann, dass etwas im Extremfall unkenntlich wird.

Im Blick auf die Ökumene bedeutet das, sich bewusst zu machen, dass sich eine Kirche oder ein Teilaspekt im Laufe der Zeit so verändert hat, dass aufgrund der Vorstellung der anderen ein Identifizieren nicht möglich ist. Dies bedeutet weiterhin, sich auf den Versuch einzulassen, sich von dem Vorstellungsdenken zu lösen und den fragmentarischen Charakter des »In-der-Welt-Seins« der Seinsweisen des christlichen Glaubens zu akzeptieren. Losgelöst von der Versuchung des Urteilens geht es darum, den »Unterschied zwischen *reconnaissance* und *connaissance* [...] bei den Sachen selbst« zu suchen (87 f.).

2. Sich selbst erkennen

Wer jemand ist, bezeugt sich für die Person selbst stets auch durch das, wozu sie fähig ist, sagt Ricœur. Zu den verschiedenen Arten des Tun-Könnens, der Grundfähigkeiten des Menschen, zählt er das Sagen-Können, das Tun-Können, das Erzählen-Können, die Zurechenbarkeit, das Erinnern-Können und das Versprechen-Können.

Hinsichtlich des zweiten Aspekts der Anerkennung, des Sich-Erkennens scheinen im Blick auf die Ökumene besonders Ricœurs Hinweise zum Erinnern und Versprechen wichtig. »›Was?‹ – woran erinnere ich mich? – und ›Wie?‹ – wie gewährleistet das Aufrufen der Erinnerung die Dynamik der Wiedererinnerung?« fragt Ricœur (145). Das Erinnern, so führt er aus, das der Vergangenheit zugewandt ist, gebe Platz für Gedenken, Beheimatung, den Wunsch nach Unveränderbarkeit. Es ist der Blick auf »sich selbst«, auf die »Meinigkeit« (165), wie Ricœur es nennt.

Ricœur verweist in Bezug auf das Gedächtnis auf den französischen Philosophen Henri Bergson und schlägt damit die Brücke zum Begriff der Anerkennung und seiner Bedeutung als »Sich-selbst-Erkennen«. Das Gedächtnis ist, nach Bergson, ein Vermögen zwischen dem Zurückrufen einer Erinnerung aus der Vergangenheit und dem Wiederfinden und Wiedererkennen dieser, prinzipiell in der Gegenwart verfügbaren, Erinnerung im Menschen selbst. Dabei bestehe immer die Gefahr, dass die Erinnerung gelöscht oder vergessen wird und ein Wieder-Erkennen damit erschwert oder gar verhindert werde.

Das Erinnern ist für Ricœur nicht nur auf die einzelne Person beschränkt, sondern kann sich auch auf eine Gemeinschaft beziehen. Er schreibt dazu: »Wenn man – wie ich vorschlage – es für zulässig hält, die Fähigkeit, Erinnerung zu bilden, allen Subjekten zuschreiben, die ihren Ausdruck in irgendeinem der lexikalischen Personalpronomina finden, dann ist jede Gemeinschaft oder Gruppe qualifiziert, anläßlich besonderer Erinnerungsleistungen ›wir‹ zu sagen« (138).

Das Versprechen, die zweite Grundfähigkeit des Menschen, die meines Erachtens eine Hilfe für die Deutung des Anerkennungsbegriffs in der Ökumene bietet, schlägt eine Brücke von der eigenen Identität zum Gegenüber. Während das Erinnern der Vergangenheit zugewandt sei, sei das Versprechen der Zukunft zugewandt. Zusammengenommen deckten diese beiden also die Vergangenheit, die Gegenwart und die Zukunft ab.

Mit dem Versprechen gehe man eine Verpflichtung gegenüber einem Anderen ein, wobei dieses Versprechen zu halten durch die Treue zu sich selbst bezeugt würde. Wird das Versprechen gebrochen, begehe man Verrat, nicht nur am Gegenüber, sondern auch an sich selbst. Das Versprechen sei so zwar auf mein Gegenüber gewandt, impliziere aber auch ein Versprechen zur Einheit meiner selbst.

Im ökumenischen Kontext kann dieser Aspekt den Blick hinsichtlich eines Anerkennungsbegriffs weiten, der dem Suchen nach Unveränderbarkeit und Beheimatung Raum gibt und ebenso ernst nimmt, dass sowohl Menschen als auch Gesellschaften eine unwandelbare Selbigkeit haben, derer sie sich erinnern, gleichzeitig aber erfahren, dass sie sich nur selbst erkennen, wenn sie in Beziehung zum Anderen stehen.

3. Wechselseitige Anerkennung

Wie ist es möglich, die Asymmetrie zu überwinden? Das ist die Frage, die in der Ökumene leitend ist. Durch Identifizierung, also durch Finden von Ähnlichkeiten und Bekanntem beim Anderen oder durch Anerkennung der Asymmetrie, also der Verschiedenheit und Andersheit des Anderen? Ricœur eröffnet vielleicht einen neuen Weg, wenn er von der dritten Bedeutung von Anerkennung als wechselseitiger Anerkennung spricht. Ricœur stellt dem Kampf um Anerkennung die »befriedete Erfahrung wechselseitiger Anerkennung« entgegen und entzieht die Anerkennung so der Ebene des Tauschs und des Vergleichs. Die Asymmetrie versucht Ricœur, im Gegensatz zu Husserl (Der Andere ist ein anderes »ICH«) und Levinas (die Asymmetrie zwischen dem Anderen und mir macht mich zu einem ICH), mit der Wechselseitigkeit zusammenzudenken, indem er vom »Teufelskreis« der Rache, der seinen Ursprung in »der Vermischung der beiden Ebenen, der des Tauschs und der der konkreten Gesten der Individuen« hat, zum theoretischen »segensreichen Kreis der Gabe« gelangt (286 f.).

Der Vorschlag Ricœurs einer »symbolischen wechselseitigen Anerkennung« ist eine Verbindung der Idee Marcel Hénaffs, eine Tauschbeziehung »ohne Preis« zu denken, und der Idee der Gabe, wie sie in archaischen Gesellschaften zu finden ist. Die Kategorie »ohne Preis«, die Hénaff in seinem Buch *Le prix de la vérité*[29] ausführt, beruht auf dem Vorschlag, »die Praxis der Gabe von der Praxis der ökonomischen Sphäre« (292) zu trennen. Der Tausch erhält somit einen zeremoniellen Charakter, dessen Akzent sich von der Beziehungsebene hin auf den Spender und Empfänger verschiebt.[30] Es geht also um eine Wechselseitigkeit *zwischen* den Tauschakteuren, statt um eine Gegenseitigkeit, deren Akzent auf den Tauschobjekten liegt. Die Bedeutung dieser Wechselseitigkeit liegt auf der Ebene der systematischen Verhältnisse, also auf der Beziehungsebene.

Ricœur warnt davor, die Asymmetrie überwinden zu wollen, »um der Gegenseitigkeit und Wechselseitigkeit gerecht zu werden« und stellt fest: »In dem ›zwischen‹ im Ausdruck ›zwischen den Tausch-Protagonisten‹ verdichtet sich die Dialektik der Asymmetrie zwischen Ich und dem anderen und der Wechselseitigkeit ihrer Beziehungen« (324). »Im Empfangen bestätigt sich die Asymmetrie zwischen Gebendem und Empfangendem doppelt: Wer gibt, ist ein anderer als der, der empfängt; und wer empfängt, ein anderer als der, der erwidert« (325). Die Erinnerung an die Asymmetrie ist somit hilfreich, weil so »in der Wechselseitigkeit der richtige Abstand gewahrt« bleibt, »der neben der Nähe auch Achtung zulässt« (324).

Innerhalb der Ökumene scheint es, dass in den meisten ökumenischen Gesprächen der Schwerpunkt nicht auf der Kommunikation oder, mit Ricœur, auf der Beziehungsebene liegt, sondern der Dialog nur Mittel zum Zweck für etwas anderes ist: die Wahrheit.[31] Die Wahrheit ist Maßstab für den Konsens und damit auch für das gemeinsame Handeln. Damit wird die ökumenische Kommunikation auf die Handlungsebene gesetzt, die nach Ricœur zu überwinden ist. Es darf also, wenn man sich an Ricœur orientiert, nicht mehr um Konsens als Einverständnis gehen.

Aber wie geht diese wechselseitige Anerkennung ganz praktisch? Wie kann man sich den Gabentausch auf ökumenischer Ebene vorstellen? Wo gibt es vielleicht schon die Erfahrung der tatsächlichen Anerkennung? Wichtig scheint auch, dass diese Erfahrung nicht »gemacht« werden kann.[32] Ricœurs Anerkennungstheorie lenkt den Blick weg vom Begriff der Macht, der der Anerkennung immer anhaftet, hin zum Begriff der Dankbarkeit. Auch wenn die gesellschaftlichen Partner im Gabentausch die Erfahrung realer Anerkennung machen, ist dies nicht mehr als eine »Lichtung im Wald der Ratlosigkeit«, schreibt Ricœur (305). Es sind die heilsamen Erfahrungen, die wider alle Hoffnungslosigkeit »bezeugen, dass das ›kleine Wunder Anerkennung‹ bereits einmal und irgendwo stattgefunden hat«, so Jean Greisch.[33] Die Bewegung »Gabe – Empfangen – Rückgabe« hat keinen Abschluss. Es entsteht ein Band der Anerkennung, das in der Dankbarkeit Gestalt annimmt.

Der Anerkennungsbegriff, wie ihn Paul Ricœur in seinem letzten Werk entwickelt, stellt eine Erweiterung des Horizonts der Anerkennungsdebatte dar, der dazu beitragen kann, dem ökumenischen Kampf um Anerkennung etwas entgegenzustellen. Diese Art, Anerkennung zu denken, ist ein Weg – kein Lösungsweg, sondern ein Hoffnungsweg.

Anmerkungen

[1] H. Meyer, »›Anerkennung‹ – Ein ökumenischer Schlüsselbegriff«, in: P. Manns (Hg.), *Dialog und Anerkennung*, Frankfurt 1980, 35.

[2] Ricœur tut das hinsichtlich der Frage des Multikulturalismus.

[3] Siehe u. a. G. Kelly, *Advancing ecumenical thinking*, New York 1996.

[4] Diese beiden Positionen decken sich im Übrigen mit den zwei Formen der Anerkennung, die der bulgarische Schriftsteller und Wissenschaftler Tzvetan Todorov unterschieden hat. Er spricht von Anerkennung durch Unterscheidung und Anerkennung durch Übereinstimmung. Todorov sagt, dass Menschen beide Formen anstreben, nur eben mit unterschiedlichem Ziel. Bei der Anerkennung durch Unterscheidung steht das Anders-sein-Wollen, der Wettbewerb im Vordergrund, bei der Anerkennung durch Übereinstimmung das Gleich-sein-Wollen, das Wir-Gefühl. T. Todorov, *Abenteuer des Zusammenlebens – Versuch einer allgemeinen Anthropologie*, Berlin 1996.

[5] H. Fries, »Was heißt Anerkennung«, in: B. Schuh (Hg.), *Amt im Widerstreit*, Berlin 1973, 110–121; H. Fies, *Ökumene statt Konfession? Das Ringen der Kirche um Einheit*, Frankfurt 1977, besonders 133 f.; H. Fries, »Katholische Anerkennung des Augsburger Bekenntnisses?«, in: H. Fries, *Confessio Augustana Hindernis oder Hilfe?* Regensburg 1979, 241–257.

[6] Diese Überlegungen hat Risto Saarinen bei einer Ökumenikertagung 2012 in Klingenthal (Elsass) erstmals vorgeschlagen. Derzeit gibt es dazu noch keine Veröffentlichung.

[7] J. Ratzinger, »Prognosen für die Zukunft des Ökumenismus«, Vortrag bei der Ökumenischen Akademie der Stiftung PRO ORIENTE mit der Theologischen Fakultät der Universität Graz über »Prognosen für die ökumenische Zukunft« in Graz, 25. bis 26. Januar 1976; in: A. Stirnemann, *Ökumene, Konzil, Unfehlbarkeit*, Band IV, Innsbruck 1979, 208–215, hier 211.

[8] Ebd., 214.

[9] H. Meyer, »›Anerkennung‹ – Ein ökumenischer Schlüsselbegriff«, 35.

[10] Meyer verweist hier auf das Völkerrecht, bei dem die Legitimität kaum Bedeutung hat, weil hier primär Faktizitäten als solche anerkannt werden. Weil der Charakter bei der Anerkennung im ökumenischen Kontext geistlich-theologisch ist, treten rechtliche und kirchenrechtliche Fragen in den Hintergrund.

[11] Ebd., 36.

[12] H. Meyer, »Mehr Einheit durch Anerkennung. Rückfragen an die katholische Deutung der Augustana«, in: *Lutherische Monatshefte* 16 (1977) 284–287, hier 285.

[13] H. Meyer; »›Anerkennung‹ – Ein ökumenischer Schlüsselbegriff«, 36 f.

[14] I. Siegert und K. Raiser, *Für die Umkehr der Kirchen, Identität und Wandel im Vollzug der Kirchengemeinschaft*, Frankfurt 1994, 14.

[15] Ebd., 39.

[16] Ebd., 113.

[17] Vgl. ebd., 39.

[18] Groupes des Dombes, »Für eine Versöhnung der Ämter«, in: G. Gaßmann, *Um Amt und Herrenmahl. Dokumente zum evangelisch-römischkatholischen Gespräch*, 124–128.

[19] Ebd., 125 f.

[20] Ebd.

[21] Ebd.

[22] R. Saarinnen, »Anerkennungstheorien und ökumenische Theologie«, in: Th. Bremer und M. Wernsmann (Hg.), *Ökumene – überdacht. Reflexionen und Realitäten im Umbruch*, Freiburg 2014, 237–261.

[23] Ebd., 238.

[24] Vgl. den Beitrag von Veronika Hoffmann in diesem Band.

[25] Etwas wird »als« etwas anerkannt.

[26] »I. (Einen Gegenstand) durch den Geist, das Denken erfassen, indem man diesen Gegenstand betreffende Bilder und Wahrnehmungen miteinander verbindet; mittels des Gedächtnisses, des Urteils oder des Handelns unterscheiden, identifizieren, erklären [connaître]. II. Annehmen, für wahr halten. III. Durch Dankbarkeit bezeugen, dass man jemandem gegenüber (für etwas, eine Handlung) in der Schuld ist« (31).

[27] Identifizieren – Sich selbst erkennen – Wechselseitige Anerkennung.

[28] J. Greisch, *Fehlbarkeit und Fähigkeit. Die philosophische Anthropologie Paul Ricœurs*, Münster 2009, 149.

[29] M. Hénaff, *Der Preis der Wahrheit*, Frankfurt 2009, 157.

[30] Hénaff verweist auf Sokrates und dessen Streit mit den Sophisten. Während Sokrates sich als Lehrer nicht bezahlen ließ, sondern nur Geschenke akzeptierte, vereinbarten die Sophisten mit ihren Kunden Honorare für philosophische und rhetorische Belehrung.

[31] Damit sollen nicht die vielen Bemühungen des Aufeinanderzugehens sowohl an der Basis, als auch auf kirchenleitender Ebene geschmälert werden. Diese Bemühungen müssen aber in sichtbaren ekklesialen Entscheidungen ihren Ausdruck finden.

[32] In der Kommunikativen Theologie wird diese Erfahrung das »geschenkte WIR« genannt. Vgl. B. J. Hilberath und M. Scharer, *Kommunikative Theologie. Grundlagen – Erfahrungen – Klärungen*, Ostfildern 2012, besonders 200 ff.

[33] J. Greisch, *Fehlbarkeit und Fähigkeit*, 183.

Sakramente als Feiern der Anerkennung

Eine theologische Perspektive

Bernd Jochen Hilberath

I. Was mich zum Mitgehen auf Ricœurs Wegen animiert hat

Ich bin kein Ricœur-Experte. Aber seit meiner Dissertation über Hans-Georg Gadamer[1] ist Hermeneutik eines meiner Themen, stehen Bücher von Paul Ricœur in meinem Bücherregal auf Arbeitshöhe. Aber erst nach dem Erscheinen seines letzten großen Werkes fand ich die Zeit zu einer intensiveren Auseinandersetzung und meine Lektüre von *Wege der Anerkennung* haben mich zu einer Reihe sakramententheologischer Hypothesen inspiriert.

Der Titel »Sakramente als Feiern der Anerkennung« könnte den Eindruck hervorrufen, als ginge es, wenigstens vor allem, um die Feier der Sakramente. Unter (katholischen) Christen und auch in Theologenkreisen legt sich das jedenfalls nahe: Katechetische Hinführung und liturgische Feier dominieren, systematisch-theologische Fragen beschäftigen in der Regel nur die Ökumeniker/innen. Im Wintersemester 2012/2013 wurde an unserer Fakultät ein interdisziplinäres Kolloquium angeboten, in dem sich der Liturgiewissenschaftler und Symbolanalytiker Andreas Odenthal, der Katechetiker und Religionspädagoge Albert Biesinger und ich als Dogmatiker und Ökumeniker den Fragen der Studierenden stellten und sich untereinander herausforderten. Den interdisziplinären Universalgelehrten Paul Ricœur hätte es animiert.

In der Sache stellte sich heraus, dass sich im Blick gerade auf die liturgischen und katechetischen Fragestellungen eine systematisch-theologische Grundlegung dessen, was wir als Wirklichkeit interpretierend wahr-nehmen, er-fahren, als notwendig erweist. Die Frage nach der Wirklichkeit des Sakramentalen wird zu spät gestellt, wenn sie erst im Zusammenhang mit der Feier und ihrer katechetischen Vorbereitung thematisiert wird. Deshalb ist das, was wir im Insiderjargon die »Allgemeine Sakramentenlehre« nennen, so wichtig. Darin geht es nicht nur um die Zuordnung der Einzelsakramente zum so genannten Grund- oder Wurzelsakrament Kirche und vor allem zum »Ursakrament« Jesus Christus. Auch diese binnentheologische Verortung ruft die Frage auf, was wir denn als Wirklichkeit wahrnehmen – eine Frage, die sich angesichts der Zeichen unserer Zeit noch verschärft stellt. So hat schon Theodor Schneider in seinem sakramententheologischen Lehrbuch »Zeichen der Nähe Gottes«[2] zunächst eine »anthropologische Basis« gelegt, gekennzeichnet durch die Stichworte: Symbolwirklichkeit und Sprache, Realsymbol Leib, anthropologische Grund- und Entscheidungssituationen.

Ricœurs *Wege der Anerkennung* habe ich deshalb nicht nur gekauft und zur späteren Lektüre ins Regal eingeordnet, sondern sofort intensiv gelesen, weil ich gerade dabei war, meine Ontologie des Sakramentalen, meinen Versuch, die Wirklichkeit des Sakramentalen von der sakramentalen Struktur der Wirklichkeit her neu zu bedenken, zu überarbeiten.[3] Gegen die Tendenzen, nur das Augenfällige als das Objektive und/oder nur das Selbst Geleistete als das Verlässliche als »wirklich wirklich« anzusehen, hatte ich die Gegentendenzen stark gemacht und dafür geworben, die Mehrdimensionalität der Wirklichkeit und den Geschenkcharakter des für uns Wesentlichen der Wirklichkeit wahr-zunehmen. Deshalb interessierte, ja elektrisierte mich nicht nur der Schlussteil von Ricœurs Parcours, sondern eben genau dieser Par-cours, dieses Abschreiten der Wege. Inspiriert hat mich dann gerade auch das Stichwort der *reconnaissance*, das mir als sakramententheologischer Schlüsselbegriff noch geeigneter schien als das bis dato von mir verwendete »Sakramente als Feiern des Lebens«. Der Geschenkcharakter des Lebens, das mehr ist beziehungsweise sein soll als bloßes Dasein, das also nur durch Anerkennung über-lebt, kann so deutlicher signalisiert werden – wenn auch dies sich nicht ohne differenzierende Erörterung zur Ansicht und zur Geltung bringt. Den ökumenisch eingefärbten Dogmatiker elektrisiert das Stichwort »Anerkennung« darüber hinaus, stellt es doch einen weithin nicht durchgeklärten Schlüsselbegriff ökumenischer Theologie dar. Wen wundert es, dass die Lektüre von Ricœurs *Parcours de la Reconnaissance* auch auf diesem Gebiet zu Forschungsprojekten animiert hat?[4]

II. Ausgang: Anerkennung als Identifizieren

Die Tendenz, nur das Augenfällige als das (in jedem Fall) Objektive gelten zu lassen, übersieht den Anteil des Subjekts an der Konstruktion des angeblich Objektiven, und sie verbaut sich die Wege zur Pluralität, zur Mehrdimensionalität von Wirklichkeit. Für unser menschliches Leben Wesentliches wird nicht einfach auf die Netzhaut projiziert (und selbst das ist kein mechanistischer Vorgang), sondern verlangt ein »drittes Auge« (Hubertus Halbfas) oder das »Sehen mit dem Herzen« (vgl. Antoine St. Exupérys *Der kleine Prinz*). Eine ontologische, d. h. die Wirklichkeit als wirklich in ihrer Vielfalt wahrnehmende Annäherung, kann ihren Ausgang beim Anerkennen als Identifizieren nehmen. Umgangssprachlich wird hier eher von Erkennen die Rede sein; dem entspricht, wie Ricœur bemerkt, die Vielfalt der Erkenntnistheorien. Allein das biblische »Erkennen« weist schon weit darüber hinaus, in unserem Zusammenhang also auf die dritte Stufe der Anerkennung voraus. Im Blick auf eine Grundlegung der Wirklichkeit von Sakrament habe ich vor allem die folgenden Lesefrüchte festgehalten.

Anerkennen/erkennen als Identifizieren ist durch das asymmetrische Verhältnis von Subjekt und Objekt gekennzeichnet, Erkennen geschieht im Modus des Urteilens. Auch bei Descartes hat erkennen mit »wahr nehmen« zu tun; es geht um die Wahrnehmung der Ideen im Urteil »clare et distincte«. Was die Ideen repräsentieren (ein Ding oder eine Person), spielt keine Rolle;

die unerschütterliche Gewissheit beruht darauf, dass Gott mir die Erkenntniskraft gegeben hat. Für Kant ist charakteristisch der Begriff der *recognition*. Erkennen ist Verknüpfen (Synthesis) unter Berücksichtigung der Sinnlichkeit und der Zeit. Die rationale Psychologie Descartes' wird durch die transzendentale Philosophie abgelöst.

Aus diesem System der Herrschaft des transzendentalen Subjekts führt heraus, was Ricœur den »Untergang der Vorstellung« (nämlich der Wirklichkeit durch das Subjekt) nennt und mit Emmanuel Levinas über Edmund Husserl hinausgehend so beschreibt: Die »›Überschreitung der Intention in der Intention selbst‹ zerstört die Idee einer Subjekt-Objekt-Beziehung, in der ›der Gegenstand [...] in jedem Augenblick genau das (ist), als was das Subjekt ihn aktualiter denkt.‹« – »Die Welt ist nicht nur konstituiert, sondern auch konstituierend« (85). Das *reconnaître* erhält seine Schärfe erst da, wo sich die Zweifel nicht *a parte subiecti* (auf Seiten des erkennenden Subjekts), sondern *a parte obiecti* ergeben, wo es nicht um Gegenstände, sondern um Personen geht, die sich verändern und deshalb nicht-wiedererkannt oder ver-kannt werden können.

Der entscheidende Schritt über Descartes und Kant hinaus ist in der Erkenntnis zu sehen, »dass man den Unterschied zwischen *reconnaissance* und *connaissance* nicht primär im Subjekt des Urteils zu suchen hat, wie die Anmerkungen zum flüchtigen Auftauchen des Verbs reconnaître an gewissen strategischen Stellen [...] nahezulegen scheinen, sondern bei den ›Sachen selbst‹ [...]. Bei Kant genügen allein die mathematischen und physikalischen Gegenstände den vom transzendentalen Standpunkt eingegrenzten Objektivitätskriterien, während der Status der Personen, der sich von dem der Dinge unterscheidet, der praktischen Philosophie zugewiesen ist. Für eine Philosophie des In-der-Welt-Seins zählt im Gegenteil die Vielfalt der Seinsweisen, in denen die Dinge der Welt auftreten« (87 f.).

Hier berühren sich Theologie und Ricœur'sche Philosophie bis in die Sprache hinein, wenn Ricœur formuliert: »Die Dinge, die ›von selbst‹ wiederkehren, erweisen uns eine Art Gnade [...]

Der zeitliche Abstand, den das Verschwinden in die Länge zieht und dehnt, wird in die Identität integriert, und zwar kraft der Gnade der Alterität.« (91) Die Veränderung, das Vergehen in der Zeit impliziert freilich auch einen bedrohlichen Aspekt, der »dem Wiedererkennen eine ergreifende Dimension [verleiht]« (92).

Wahrheitsgewissheit ist weder vom (transzendentalen) Subjekt her noch vom Wir her zu erreichen. Sie wird sich nur fragmentarisch, vorübergehend als geschenkte einstellen. An die Stelle von Gewissheit tritt Verlässlichkeit, die – selbst da nicht ohne Zweifel und Verzweiflung – allein in der Gottesbeziehung, das heißt: in Gottes Beziehung zu uns, gegeben sein kann. Im Verhältnis zur Verlässlichkeit der Anerkennung ist die Gewissheit der Erkennung, ja auch der Selbsterkennung sekundär.

Damit ist schon relativiert, was es an der zweiten Wegstation zu erörtern gilt.

III. Zwischenstation: Sich selbst erkennen

Die vielsagende Überleitung zum zweiten relevanten Bedeutungsfeld lautet: »Mangels jener gegenseitigen, vollständig wechselseitigen Anerkennung, die jeden der Partner, wie in der dritten Abhandlung gezeigt wird, zu einem anerkannten Wesen macht, bedarf dieses Sich-Erkennen auf jeder Stufe der Hilfe anderer. Das Sich-Erkennen [...] bleibt also nicht nur unabgeschlossen, wie das strenggenommen auch bei der wechselseitigen Anerkennung der Fall ist, sondern überdies verstümmelt, da das Verhältnis zum anderen, selbst nach dem Muster der Hilfe oder auch realer Behinderung, asymmetrisch bleibt« (97).

Ricœur interpretiert die auf diesem Wegabschnitt zu beobachtende »geregelte Polysemie« so: »Meine These dazu lautet, dass eine enge semantische Verwandtschaft besteht zwischen Sich-Bezeugen und Sich-Erkennen, das auf derselben Ebene liegt wie die Erkenntnis der Verantwortlichkeit, welche die Griechen von Homer über Sophokles bis Aristoteles den Handelnden zuschreiben« (123). Die entsprechenden Schritte sind: sagen können – tun können – erzählen und sich erzählen können. Letzteres zielt auf die personale Identität als narrativer Identität, die sowohl auf der privaten wie auch der öffentlichen Ebene zu betrachten ist. Dabei spielt die Dialektik von idem und ipse, Selbigkeit und Selbstheit, eine wichtige Rolle. Hinzukommt die Dialektik von Identität und Alterität. Darauf legt Ricœur Wert, für das Individuum wie für die Gruppe: »Wenn man [...] es für zulässig hält, die Fähigkeit, Erinnerung zu bilden, allen Subjekten zuzuschreiben, die ihren Ausdruck in irgendeinem der lexikalischen Personalpronomina finden, dann ist jede Gemeinschaft oder Gruppe qualifiziert, anlässlich besonderer Erinnerungsleistungen ›wir‹ zu sagen« (138). Diese narrativen Identitäten sind freilich brüchig und manipulierbar. Die damit zusammenhängende Beobachtung können wir auch in dem Groß-Wir Kirche machen: »Auf diesem verminten Grund gedeiht die ›identitäre‹ Versuchung, die in der Reduktion der ipse-Identität auf die idem-Identität besteht« (ebd.), das Selbst der einzelnen Gläubigen und das Selbst der Kirche sollen gesichert werden durch die Selbigkeit von Formen und Formeln.

Ricœur wendet seine Aufmerksamkeit nun dem Erinnern und dem Versprechen als wesentlichen Vollzügen auf dem Weg des Sich-selbst-Erkennens zu. Aus den reichhaltigen Reflexionen halte ich nur fest, was eine Theologie der Sakramente anregen kann, so zum Beispiel der Schluss des Abschnitts über das *Erinnern:* »Man könnte hier von nachdenkendem Gedenken sprechen, im Sinne des deutschen Wortes *Gedächtnis* im Unterschied zu *Erinnerung.* – In diesem nachdenkenden Gedenken fallen das Wiedererkennen der Bilder der Vergangenheit und das Sich-selbst-Erkennen in eins« (164).

Diese Einsicht wäre in Verbindung mit der Wiederentdeckung der biblischen Memoria (Anamnesis) zu bringen und könnte so die inzwischen erarbeitete ökumenische Theologie des liturgischen Akts der Anamnese im narrativen Hochgebet stützen. Grundsätzlich (im Rahmen einer »Allgemeinen Sakramentenlehre«) gesehen gilt dies für alle Sakramente, die je auf ihre Weise vergangene Heilstaten narrativ vergegenwärtigen und so identitätsstiftend wirken!

Schon früh zeichnet sich die dritte Dimension der Anerkennung ab, jedenfalls ist der Bezug zum Anderen bald unabweisbar geworden. Im Unterschied zu »meinem« Erinnern spielt beim Versprechen, dem zweiten hier von Ricœur ins Auge gefassten Vollzug, die Alterität eine entscheidende Rolle! Hier ereignet sich der Übergang zur wechselseitigen Anerkennung *(reconnaissance mutuelle)*, der freilich erst noch der Weg gebahnt werden muss.

Das Versprechen, etwas zu tun oder zu geben, wird von Ricœur auf eine tiefere Dimension zurückgeführt: *Versprechen* ist ein illokutionärer beziehungsweise performativer Sprechakt: in ihm wird »angeredet« und »gemacht, was gesagt wird«. »Woher nimmt der, der punktuell ein Versprechen ausspricht, die Kraft, sich zu verpflichten? Aus einem noch grundlegenderen Versprechen, dem, unter allen Umständen Wort zu halten; man könnte das ein ›Versprechen vor dem Versprechen‹ nennen« (168).

Woher kommt letztlich die Kraft zu einem solchen Versprechenkönnen? Wie ist das Brechen von Versprechungen einzuordnen? Versprechen werden, aus verschiedenen Gründen, nicht gehalten; darauf gegründete Identitäten können scheitern. Ist die dem Menschen gegebene Fähigkeit zu versprechen eine Überforderung? Oder impliziert sie die transzendentale Bedingung der Möglichkeit endgültiger Erfüllung?

Mit Hannah Arendt betont Ricœur: »Versprechen und Verzeihen zusammengenommen machen es möglich, dass menschliches Handeln überhaupt weitergeht« (170). Als »Heilmittel gegen die verborgene Pathologie des Versprechenkönnens« nennt Ricœur: Sich nicht überschätzen und zu viel versprechen; »schöpferische Treue« (Gabriel Marcel) in möglichst großem Abstand zwischen Selbstbewahrung und Halsstarrigkeit. »Vor allem aber sollte man die Reihenfolge zwischen Versprechendem und Nutznießer umkehren: zuerst setzt ein anderer auf mich und meine Treue zu meinem Wort« (173). »Schließlich wären noch die Versprechen, deren Urheber ich bin, in den Umkreis der Versprechen zu stellen, deren Nutznießer ich war und noch bin. Das sind nicht nur die gemeinschaftsstiftenden Versprechen, deren Paradigma die Verheißung an Abraham ist, sondern auch jene Reihe von Versprechen, in die ganze Kulturen und bestimmte Epochen ihre Bestrebungen und Träume projiziert haben, Versprechen übrigens, von denen viele nicht gehalten wurden. Auch diese setze ich fort und steh in ihrer Schuld« (ebd.).

Im Anschluss daran schafft Ricœur den Übergang zur dritten Grundbedeutung von *reconnaissance,* der wechselseitigen Anerkennung, indem er nach den »gesellschaftlichen Formen von Fähigkeiten« (174) fragt. Ich gehe im Rahmen dieser Abhandlung direkt zur dritten Station weiter, zum Ziel, angemessener sollte ich sagen: zur Zielperspektive der *Wege der Anerkennung.*

IV. Zielperspektive: Die wechselseitige Anerkennung

Rückblickend heißt es: »Doch das Wichtigste für unseren weiteren Weg mit der *reconnaissance* ist, dass das Identifizieren, nach wie vor der harte Kern der Idee der *reconnaissance,* beim Übergang vom ›etwas‹ zum ›sich selbst‹ nicht nur das Gegenüber gewechselt hat, sondern sich aus einem logischen, von der Idee der Ausschließung zwischen Selbem und Anderem beherrschten Status in einen existentiellen Status erhoben hat, kraft dessen ›Anderes‹ imstande ist, ›Selbes‹ zu affizieren [...] Es wird Aufgabe der dritten Abhandlung sein, die Dialektik von Reflexivität und Alterität in Gestalt der *reconnaissance mutuelle,* der wechselseitigen Anerkennung, ins Visier zu nehmen. Gegenseitigkeit und Wechselseitigkeit (die wir zunächst nicht unterscheiden) werden dem, was man seit Kant ›reziproke Kausalität‹ oder, im kategorialen Sinn des Wortes, ›Gemeinschaft‹ nennt, seinen Manifestationsraum geben« (194 f.).

Anschließend beschreibt Ricœur den Gedankengang dann im Vorblick so: »Bei der Rekonstruktion des Themas *Anerkennung* [...] wird mich also die Idee leiten, dass Hegel auf Hobbes' Herausforderung antwortet und dass das Verlangen nach Anerkennung bei ihm den Platz einnimmt, den in Hobbes' Auffassung vom Naturzustand die Furcht vor dem gewaltsamen Tod innehat [...] Diese Versuche werden so weit getrieben, dass schließlich die Idee des Kampfes [um Anerkennung] selbst in Zweifel steht, und das wird mir Gelegenheit geben, die Hypothese zu entwickeln, dass sich der Kampf um Anerkennung im unglücklichen Bewusstsein verlöre, wenn es den Menschen nicht gegeben wäre, im Zeremoniell der gegenseitigen Gabe tatsächlich eine wenn auch symbolische Erfahrung wechselseitiger Anerkennung zu machen« (196).

Ich begnüge mich hier auf eine kurze Hervorhebung und Kommentierung theologisch einschlägig relevanter Aspekte.

(1) Asymmetrie im Verhältnis des Ich zum Anderen: Bei Husserl resultiert die Asymmetrie »aus der ursprünglichen Selbstgenügsamkeit des Ego« (198), auch der »ontische Status der Gemeinschaften [wird] aus dem des Ego [abgeleitet]« (200). Bei Levinas erfolgt konsequent der Umschlag von der Ontologie in die Ethik, denn »Ontologie, das ist die Reduktion des Anderen auf das Selbe« (202). Ricœur fragt, ob »die Ethik, abgekoppelt von der Ontologie, keine eigene Sprache hat« (206). In beiden Ansätzen gehe es letztlich darum, »Unvergleichliches zu vergleichen und damit zu egalisieren« (ebd.).

(2) Ricœur interpretiert Hobbes' Theorie des Naturzustandes »als eine Theorie der originären *méconnaissance* [...], im Sinne der [...] Anerkennungs- bzw. Erkenntnisverweigerung« (208). Schließlich setzt das Anerkennen »gemäß dem Natur*gesetz* dem Misstrauen im Natur*zustand* Grenzen« (215). Zum antiethischen Naturzustand kommt also eine paraethische vertragliche Ordnung. Nach Ricœur fehlt hier die Idee der Alterität, der Andere als Anderer ist keine Wirklichkeit in dieser Art Rechtsdenken.

(3) Gibt es eine moralische Forderung als Grund der politi-

schen Ordnung, vergleichbar der Furcht vor dem gewaltsamen
Tod? Nach Axel Honneth[5] ist dies die Konzeption der Anerkennung:»gegenseitige Determinierung von Intersubjektivität und
Beziehung zu sich selbst« (218); Dynamik vom Negativen
(Missachtung, Ungerechtigkeit) zum Positiven (Achtung, Res-
pekt); hierarchische Institutionalisierung der Anerkennung,
wobei die»Konfigurationen [...] historische Kompromisse zwischen spekulativem Anspruch und empirischer Erfahrung« sind
(219).

Es bleibt Kampf; an die Stelle der Furcht tritt die Empörung,
nach Ricœur»der Wunsch, anerkannt zu werden« (220), bei
Hegel durchgeführt im Rahmen einer Ontotheologie,»was be-
wirkt, dass die Art, wie der Geist sich in seinem Anderen findet,
grundsätzlich eine Beziehung des Geistes zu sich selbst bleibt«
(228), also»Anerkennung innerhalb einer Philosophie des
Selben« (229).

(4) Ricœur schließt sich weitgehend Honneths Aktualisie-
rung»im Dialog mit ihm« an (234–274). Der Weg führt hindurch zwischen»Treue zu Hegels Thematik und der Ablehnung
der Metaphysik des Absoluten«, des»Monologismus« (234).
Stattdessen sucht der Hermeneutiker eine Verbindung von Spe-
kulation und Empirie – durchgeführt an»drei Modellen inter-
subjektiver Anerkennung« (Liebe, Recht, gesellschaftliche
Wertschätzung) und den entsprechenden Formen verweigerter
Anerkennung. Als anregend habe ich für mich notiert:
»Liebende [...] erkennen einander an, indem sich jeder von
ihnen in Identifikationsmodellen wieder erkennt, die als gemeinsame erkannt werden können.« (238) – Dieser wechselseitigen Bejahung steht als Form verweigerter Anerkennung die
Ablehnung der Existenz gegenüber. Anerkennung hat ihren
Ort in der Familie auch da, wo sich horizontale (Ehegemein-
schaft) und vertikale Linie (Abstammung) kreuzen. Daraus ergibt sich die Bedeutung der Abstammungsreihe für das Ego,
nämlich»dass ich, noch bevor ich mich als Subjekt der Wahrnehmung, des Handelns, der Anschuldigung, des Rechts denken
und wollen konnte, dieses ›Objekt‹, diese *res* gewesen bin und

bleibe [...] meine Geburt hat also aus mir ein unbezahlbares, nicht mit Gold aufzuwiegendes Objekt gemacht, dieses der alltäglichen Handlungssphäre entzogene Etwas« (242). Es geht also um die »Anerkennung in der Abstammungsreihe« (nach rückwärts und – in der eigenen Familie – nach vorwärts).

Auf der Ebene des Rechts zielt die Anerkennung sowohl auf den Anderen (jede Person ist frei und gleichberechtigt) wie auf die Norm, die für gültig erachtet werden soll. Der Schlüsselbegriff lautet »Achtung«!

Auf der Ebene der gesellschaftlichen Wertschätzung stellt sich die Übergangsfrage: Was ist Identität »am Wendepunkt von erlebter Intersubjektivität zu systematisch organisierter Gesellschaftlichkeit« (255)? Ricœur interessiert sich in diesem Zusammenhang vor allem für das Problem der Autorität, da diese der horizontalen Struktur der *reconnaissance* zu widersprechen scheint (264–267). So bleibt etwa die kulturelle Autorität der »Überlegenheit« (zum Beispiel zwischen Lehrer und Schüler) als »Stachel im Fleisch« stehen (267).

Am Ende stellt Ricœur die Idee des Kampfes um Anerkennung als solche in Frage (271); er will vor dem »unglücklichen Bewusstsein [...] Opfer zu sein« bewahren (273) und schlägt vor, »die *tatsächliche Erfahrung* von dem, was ich Friedenszustände nenne, in Betracht zu ziehen, und sie mit den negativen und positiven Motivationen eines in jenem Sinne ›unendlichen‹ Kampfs zusammenzudenken, wie es die psychoanalytische ›Kur‹ sein kann.« Und: »Die Gewissheit, die mit den Friedenszuständen einhergeht, schenkt uns vielmehr eine Bestätigung dafür, dass die moralische Motivation der Kämpfe um Anerkennung keine Täuschung ist« (274).

(5) Ricœurs These lautet von daher: »Die Alternative zur Idee des Kampfs im Prozess der wechselseitigen Anerkennung ist in befriedeten Erfahrungen wechselseitiger Anerkennung zu suchen, die auf symbolischen Vermittlungen beruhen und sowohl der Rechtssphäre als auch derjenigen des Warentauschs entzogen sind« (274). Er bezieht sich auf die in unserer Kultur vorhandenen Friedenszustände, die ursprünglich genannt wurden:

philia, eros, agape. Gerade die Letztere macht aber Probleme, da sie »die Idee wechselseitiger Anerkennung von vornherein zu widerlegen [scheint], weil die großherzige Praxis der Gabe, zumindest in ihrer ›reinen‹ Form, eine Gegengabe weder erwartet noch erfordert. Die Frage wird sein, ob man die der Großherzigkeit der Agape eigene Einseitigkeit nicht im Blick behalten sollte, um der umgekehrten Gefahr zu begegnen, dass nämlich die wechselseitige Anerkennung in einer Logik der Gegenseitigkeit die interpersonalen Züge dessen verliert, was ich von Beginn dieser Abhandlung an am liebsten Wechselseitigkeit nenne, um es von der verselbständigten Kreisförmigkeit der logischen Formen von Reziprozität zu unterscheiden. Das Paradox von Gabe und Gegengabe wird der strittigste Punkt überhaupt sein, an dem die Einseitigkeit der Agape mit vollem Recht ihre kritische Funktion gegen eine Logik der Reziprozität geltend macht, die die konkreten Gesten der Individuen im Gabentausch transzendiert. So wird Raum geschaffen für eine Interpretation der Wechselseitigkeit der Gabe, die auf der Idee der symbolischen Anerkennung gründet« (275).

V. Sakramente als Feiern der Anerkennung – Momentaufnahme einer Baustelle

Ich setze voraus, was in anderen Beiträgen ausführlich zu diesem Teil der Ricœur'schen Wege ausführlich diskutiert wird, blicke voraus auf das, was mir für eine Theologie der Sakramente als Feiern der Anerkennung momentan relevant erscheint. Dabei gehe ich auf den Festcharakter, die Liturgie des Gabentauschs, nicht eigens ein; ich will vielmehr wenigstens in ersten Andeutungen versuchen, den gnadentheologischen Schlüsselbegriff der Anerkennung auch sakramententheologisch zu wenden.

1. Die Basis: Rechtfertigung als Anerkennung

Schon vor der und unabhängig von der Ricœur-Lektüre brachte ich »Anerkennung« mit dem Anliegen der Rechtfertigungslehre und der Gnadentheologie in Verbindung. Das evangelische »sola gratia/sola fide« betont ebenso wie die katholische Unterstreichung der Priorität der Gnade, dass der Mensch (letztlich nur) aus der Anerkennung durch Gott existieren kann. »Anerkennung« könnte sich geradezu als eine für heute geeignete Versprachlichung von »Rechtfertigung« oder »heiligmachender Gnade« anbieten. In seinem Beitrag zur Festschrift für Otto Hermann Pesch charakterisiert Harding Meyer die ökumenische Entwicklung, »das Wachsen der ›gelebten Gemeinschaft‹ [so Johannes Paul II. in seiner Enzyklika ›Ut unum sint‹]«, als eine Wende »von einem abweisenden ›Rücken an Rücken‹ […] hin zu einem ›von Angesicht zu Angesicht‹«.[6] Falls dies zutrifft, vollziehen die Kirchen nur, was den Christenmenschen in ihrer congregatio/communio fidelium von Gott her geschehen ist und je geschieht: Die Zuwendung des Angesichts, in der die Menschen ihres Status als Sünder überführt und in der unbedingten und unbegrenzten Vergebungsbereitschaft Gottes »am Leben gelassen werden«. Weniger dezidiert protestantisch formuliert: Die wechselseitige Anerkennung von Personen lebt zuletzt von Gottes Anerkennung. Das gilt in fundamentaler Weise bereits in der »Schöpfungsordnung« (der Geisthauch macht den Menschen zu einem lebenden Wesen: Gen 2,7); umso mehr noch – auch wenn die Zuordnung unterschiedlich bestimmt werden kann und gelegentlich als Grunddifferenz identifiziert wird – in der »Erlösungsordnung«, im Bereich der Soteriologie und der rechtfertigenden und heiligenden Gnade (noch immer ist Ez 36, 24–28 die ersttestamentliche Charta der Gnadentheologie). In einer »Gnadentheologie der Anerkennung« würde ich zum Beispiel auf Röm 15,7 zurückgehen: »Darum nehmt einander an, wie auch Christus euch angenommen hat, zur Ehre Gottes.«

Nicht zuletzt können wir bei Ricœur lernen, dass selbst das partielle Gelingen dieser Wechselseitigkeit nicht selbstverständlich ist, sondern letztlich von einer Vision getragen sein muss. Als »Sünder und Gerechtfertigte zugleich« leben wir in der Spannung zwischen Schon und Noch-nicht, dürfen wir dankbar sein für ein fragmentarisches Gelingen hier und dort. Von hierher erschließt sich die Bedeutung von Fest und Feier, in theologischer Perspektive die Bedeutung der Sakramente als Verleiblichung des Verheißungswortes, in der Vergangenheit und Zukunft in der Gegenwart zusammenkommen, in der uns Vorgeschmack geschenkt und das »Angeld auf Vollendung« (vgl. Eph 1,14) uns vergewissert wird. In den *sacramenta maiora*, Taufe und Eucharistie, könnte sich dies am deutlichsten zum Ausdruck bringen.

2. Taufe: Als Geschöpf Gottes anerkannt werden in der Gemeinschaft des Erbheils

Da die Säuglings- beziehungsweise Kleinkindtaufe in unseren Breiten noch immer den Normalfall darstellt, herrscht die Tendenz vor, Taufe vor allem als Aufnahme in die Gemeinde zu feiern, sodass entscheidende Elemente einer biblischen Tauftheologie weggeblendet werden: das Sterben und Auferstehen mit Christus, also der christologische Ortswechsel, sowie der Übergang aus der Situation der Erbschuld in die des Erbheils, also der ekklesiologische Ortswechsel. Der Anerkennung als neues Mitglied der Gemeinschaft liegt die Anerkennung der Gemeinschaft der Glaubenden als Zeuginnen und Zeugen durch den voraus, der die Kirche »in Christus quasi-sakramental als Zeichen und Werkzeug für die innigste Vereinigung mit Gott und der Menschen untereinander«[7] anerkannt hat. Dabei sind Gemeinschaft mit Gott und Gemeinschaft der Menschheit asymmetrisch einander zugeordnet: die Gemeinschaft mit Gott ist die Gabe; die innige Verbindung der Menschen untereinander zu realisieren, ist die konsequente Auf-Gabe aus der Vor-Gabe. In der *traditio* und *redditio*, der Über-Gabe und der Rück-Gabe des Symbolums, des Taufbekenntnisses, wie dies in der mystagogischen Katechese und Liturgie der Alten Kirche in feierlicher Weise anschaulich wurde, scheint mir das sinnfällig zu werden, was Ricœur zur Wechselseitigkeit des Gabentausches ausführt. Das primär und bleibend primär handelnde Subjekt im sakramentalen Vollzug ist Gott, der dreieine Gott, wie dies im Epheserbrief (1, 3–14) nicht von ungefähr in der Form des Hymnus artikuliert wird: Er hat uns erwählt und vorherbestimmt – vor unserer Zeit; und er hat diese gnädige Zuwendung, ja die Gabe seiner selbst in der Gemeinschaft des Geistes, in der Fülle der Zeiten vor aller Welt öffentlich hingestellt. Wie sind friedfertige Zustände möglich? Im Vertrauen auf diese Vor-Gabe, die uns ermöglicht, unsererseits in Vor-lage zu treten, den ersten entscheidenden Schritt zu tun.

Zur Klarstellung hinsichtlich des universalen Heilswillens Gottes sei vermerkt, dass diese gnädige Zuwendung Gottes allen seinen Geschöpfen, ja, der ganzen Schöpfung, gilt. Die Getauften werden nicht als Geschöpfe anerkannt, das sind sie vom ersten Augenblick ihres Lebens an. Sie werden vielmehr in der Taufe anerkannt: Erstens als Sünder und von Gott Gerechtfertigte zugleich und zweitens als Zeuginnen und Zeugen dieses Gnadenhandelns (was dann in der Firmung/Konfirmation als Voll-endung der Taufe erneut geistlich bekräftigt wird). Auch wenn wir Gott und den Menschen vieles schuldig bleiben, gehen wir vor Gottes anerkennenden Augen nicht zugrunde. Er räumt die Schuldenberge weg, zumal einige fragen, ob Er nicht selbst unsere Schuld verschuldet hat. Anerkennung setzt also gerade keine »heile Welt« voraus, sie ermöglicht Heilung – eben gerade in einer nicht-heilen Welt!

Ebenfalls angeregt durch Ricœurs Beobachtungen zur geregelten Polysemie erkennen wir den Zusammenhang von Taufe und Buße beziehungsweise Versöhnung. Die Taufe, in der, wie es im Symbolum heißt, die Vergebung der Sünden geschenkt wird, bewahrt nicht vor Rückfällen. Das gilt es unsererseits anzuerkennen, einzugestehen, zu bekennen. Dass sich die frühe Kirche dazu durchgerungen hat, eine Umkehr auch nach der Sündenvergebung in der Taufe als möglich zu erachten, lässt sich auch als Absage an die Form des Tauschgeschäfts verstehen, demzufolge der »volle Preis« bezahlt werden muss. Wer zu seiner Schuld steht, wer sie erkennt und anerkennt, wer bekennt, dem wird die bleibende Anerkennung durch Gott erneut feierlich zugesagt: »Du darfst sein, Du kannst weiterhin sein, ja, Du sollst um Gottes willen sein!«

Die Grundstruktur dieses Gnadengeschenks ließe sich gewiss in der konkreten Feier von Buße und Versöhnung noch transparenter gestalten, als es in Zeiten nach dem verständlichen Zusammenbruch der wöchentlichen oder monatlichen Andachtsbeichte vermutlich der Fall ist.

3. Eucharistie: Anerkennung durch Wandlung

Wenn ich in diesem ersten Annäherungsversuch an die Eucharistie als Feier der Anerkennung das Stichwort »Wandlung« aufgreife, so will ich damit signalisieren, dass Anerkennung einerseits keinen automatischen, selbstverständlichen Vorgang darstellt, weil andererseits und genau deshalb deutlich wird, inwiefern die göttliche Vor-Gabe unsere Ant-wort, die Rück-Gabe ermöglicht – indem sie uns verwandelt. Im liturgischen Vollzug haben wir ja eine mehrfaches Zusammenspiel von Gabe und Wieder-Gabe vor Augen: in der Gabenbereitung geben wir »von der Frucht der Erde und des Weinstocks«, was uns der Schöpfer als Schöpfungsgaben schenkt. Und singend beten wir »Schenk sie uns verwandelt wieder«.[8] Diese göttliche Umstiftung der Schöpfungsgaben zielt, wie wir durch das Achten auf die doppelte Epiklese wieder gelernt haben, auf unsere Wandlung. Weil Gott uns unbedingt anerkennen will, ist er es sich selbst schuldig, uns zu verwandeln. Und als so Verwandelte schulden wir ihm unseren Dank ab: »In Wahrheit ist es würdig und recht, [der verwandelnden Vor-Gabe] angemessen und heilsam ...« heißt es am Beginn des Hochgebets, des zentralen Teils der Eucharistiefeier.

In dieser theo-logischen Hinsicht ließe sich Ricœurs Optativ als »eines Modus, der weder deskriptiv noch normativ ist« (305), in Richtung eines Performativ verstärken. Die optative Formulierung »Der Herr *sei* mit euch« bedeutet ja in der gottesdienstlichen Kommunikation »Der Herr *ist* mit euch.« In der optativen Formel des Wunsches nimmt sich der Amtsträger zurück, um zu dokumentieren, wer das primär handelnde Subjekt, wer der Geber, der Zu-sprecher, ist. Gerade so macht er die Asymmetrie des gnadenhaften Gabegeschehens transparent. Das hebt den Wirklichkeit schaffenden Charakter des Performativ, der Wirklichkeit schafft, indem er sie bezeichnet, nicht auf, wie die zentrale eucharistische Formel anzeigt: »Das *ist* mein Leib, das *ist* mein Blut.«

Was dies für die ökumenische Anerkennung von Abendmahl und Eucharistie als Voraussetzung oder Folge der wechselseitigen Anerkennung als Kirchen bedeutet, ist andernorts wissenschaftlich wie in der Begegnung und in der Wechselseitigkeit vor Ort in Erfahrung zu bringen.

Anmerkungen

[1] B. J. Hilberath, *Theologie zwischen Tradition und Kritik. Die philosophische Hermeneutik Hans-Georg Gadamers als Herausforderung des theologischen Selbstverständnisses*, Düsseldorf 1978.

[2] T. Schneider, *Zeichen der Nähe Gottes. Grundriss der Sakramententheologie*, 9. Aufl., Ostfildern 2008.

[3] Eine erste Verschriftlichung habe ich versucht in: B. J. Hilberath, *Sakramente – Feiern der Anerkennung*, hier als Grundlegung: »Anerkennung – oder: Was ist Wirklichkeit?«, in: R. Boschki u. a. (Hg.), *Religionspädagogische Grundoptionen. Elemente einer gelingen Glaubenskommunikation* (FS A. Biesinger), Freiburg 2008, 152–168.

[4] Vgl. den Beitrag von Pascale Jung in diesem Band.

[5] Ricœur bezieht sich auf das einschlägige Werk: A. Honneth, *Der Kampf um Anerkennung. Zur moralischen Grammatik sozialer Konflikte*, Frankfurt 1994.

[6] H. Meyer, Was ist zwischen den Kirchen seit dem Zweiten Vatikanum an gemeinsamer ekklesialer Wirklichkeit gewachsen?, in: J. Brosseder und M. Wriedt (Hg.), *»Kein Anlass zur Verwerfung!«. Studien zur Hermeneu-*

tik des ökumenischen Gesprächs (FS O. H. Pesch), Frankfurt 2007, 291–311, hier: 298.

⁷ Zweites Vatikanisches Konzil, Dogmatische Konstitution über die Kirche *Lumen gentium*, Art. 1.

⁸ Lied zur Gabenbereitung »Was uns die Erde Gutes spendet«, in: *Gotteslob (Katholisches Gebet- und Gesangbuch)*, Nr. 490, enthalten auch im neuen Gotteslob unter Nr. 186.

Verzeichnis der Autorinnen, Autoren und Herausgeber

Jean Greisch, geb. 1942, ist emeritierter Professor für Philosophie am Institut Catholique de Paris.

Bernd Jochen Hilberath, geb. 1948, ist emeritierter Professor für Dogmatische Theologie und Dogmengeschichte an der Katholisch-Theologischen Fakultät der Universität Tübingen.

Veronika Hoffmann, geb. 1974, Dr. theol., ist Professorin für Systematische Theologie an der Universität Siegen.

Pascale Jung, geb. 1968, ist Pastoralrefentin in Saarbrücken und Lehrbeauftragte an der Universität des Saarlandes.

Stefan Orth, geb. 1968, Dr. theol., ist stellvertretender Chefredakteur der Zeitschrift »Herder Korrespondenz. Monatshefte für Gesellschaft und Religion« in Freiburg.

Peter Reifenberg, geb. 1956, Prof. Dr. theol., ist Direktor des Tagungszentrums Erbacher Hof und der Akademie des Bistums Mainz.

Peter Welsen, geb. 1956, ist Professor für theoretische Philosophie an der Universität Trier.

Holger Zaborowski, geb. 1974, ist Professor für Geschichte der Philosophie und philosophische Ethik der Philosophisch-Theologischen Hochschule Vallendar und der Rektor der Hochschule.